SEMINÁRIO INTERNACIONAL SOBRE A COMUNITARIZAÇÃO DO DIREITO INTERNACIONAL PRIVADO

(Direito de conflitos, competência internacional e reconhecimento de decisões estrangeiras)

INTERNATIONAL SEMINAR ON THE COMMUNITARIZATION OF PRIVATE INTERNATIONAL LAW

(Conflict of Laws, Jurisdiction and Recognition of Foreign Judgments)

REALIZADO NA FACULDADE DE DIREITO DE LISBOA EM 7 E 8 DE MAIO DE 2004.
HELD AT THE LISBON SCHOOL OF LAW ON MAY 7 AND 8, 2004

SEMINÁRIO INTERNACIONAL SOBRE A COMUNITARIZAÇÃO DO DIREITO INTERNACIONAL PRIVADO

(Direito de conflitos, competência internacional e reconhecimento de decisões estrangeiras)

INTERNATIONAL SEMINAR ON THE COMMUNITARIZATION OF PRIVATE INTERNATIONAL LAW

(Conflict of Laws, Jurisdiction and Recognition of Foreign Judgments)

Luís de Lima Pinheiro (Org.)

ALMEDINA

SEMINÁRIO INTERNACIONAL
SOBRE A COMUNITARIZAÇÃO DO DIREITO INTERNACIONAL

AUTOR
LUÍS DE LIMA PINHEIRO

EDITOR
EDIÇÕES ALMEDINA, SA
Rua da Estrela, n.º 6
3000-161 Coimbra
Telef.: 239 851 905
Fax: 239 851 901
www.almedina.net
editora@almedina.net

EXECUÇÃO GRÁFICA
G.C. – GRÁFICA DE COIMBRA, LDA.
Palheira – Assafarge
3001-453 Coimbra
producao@graficadecoimbra.pt

Março 2005

DEPÓSITO LEGAL
224186/05

Toda a reprodução desta obra, por fotocópia ou outro qualquer processo,
sem prévia autorização escrita do Editor,
é ilícita e passível de procedimento judicial contra o infractor.

PLANO DA OBRA

PROGRAMA

SESSÃO DE ABERTURA – ALOCUÇÃO PROFERIDA POR LUÍS DE LIMA PINHEIRO

MÁRIO TENREIRO – "O ESPAÇO EUROPEU DE JUSTIÇA CIVIL"

JÜRGEN BASEDOW – "EC CONFLICT OF LAWS – A MATTER OF COORDINATION"

TREVOR HARTLEY – "JURISDICTION AND JUDGMENTS: THE ENGLISH POINT OF VIEW"

ERIK JAYME – "CHOICE-OF-LAW CLAUSES IN INTERNATIONAL CONTRACTS: SOME THOUGHTS ON THE REFORM OF ART. 3 OF THE ROME CONVENTION"

DÁRIO MOURA VICENTE – "A COMUNITARIZAÇÃO DO DIREITO INTERNACIONAL PRIVADO E O COMÉRCIO ELECTRÓNICO"

LUÍS DE LIMA PINHEIRO – "O DIREITO DE CONFLITOS E AS LIBERDADES COMUNITÁRIAS DE ESTABELECIMENTO E DE PRESTAÇÃO DE SERVIÇOS"

RUI MOURA RAMOS – "DIREITO AO NOME, DIREITO INTERNACIONAL PRIVADO E DIREITO COMUNITÁRIO"

MARIA HELENA BRITO – "DESCRIÇÃO BREVE DO REGULAMENTO (CE) N.º 2201//2003 DO CONSELHO, DE 27 DE NOVEMBRO DE 2003, RELATIVO À COMPETÊNCIA, AO RECONHECIMENTO E À EXECUÇÃO DE DECISÕES EM MATÉRIA MATRIMONIAL E EM MATÉRIA DE RESPONSABILIDADE PARENTAL"

PAUL LAGARDE – "ELÉMENTS POUR UN DROIT INTERNATIONAL PRIVÉ COMMUNAUTAIRE DES SUCCESSIONS ET DES RÉGIMES MATRIMONIAUX"

SEMINÁRIO INTERNACIONAL SOBRE A COMUNITARIZAÇÃO DO DIREITO INTERNACIONAL PRIVADO
(Direito de conflitos, competência internacional e reconhecimento de decisões estrangeiras)

INTERNATIONAL SEMINAR ON THE COMMUNITARIZATION OF PRIVATE INTERNATIONAL LAW
(Conflict of Laws, Jurisdiction and Recognition of Foreign Judgments)

FACULDADE DE DIREITO DE LISBOA
LISBON SCHOOL OF LAW

Organização: Professor Doutor Luís de Lima Pinheiro
Organization: Professor Luís de Lima Pinheiro

Programa
Program

7 de Maio (Sexta-Feira)
May 7 (Friday)

Sessão de Abertura
Opening Session

09.15/09.30 hrs. – Recepção na Sala do Conselho Directivo *Reception in the Dean's Office*

09.30/10.15 hrs. – Membro do Governo, Presidente do Conselho Directivo da Faculdade de Direito de Lisboa e Professor Doutor Luís de Lima Pinheiro.
Member of the Government, Dean of the Lisbon School of Law and Professor Luís de Lima Pinheiro

I Sessão – Aspectos Gerais da Comunitarização do Direito Internacional Privado
I Session – General Issues of the Communitarization of Private International Law

Moderador: Professor Doutor Rui Moura Ramos (Faculdade de Direito de Coimbra e Tribunal Constitucional)
Moderator: Professor Rui Moura Ramos (Coimbra School of Law and Constitutional Court)

10.15 hrs./10.50 hrs. – Professor Doutor Jürgen Basedow (Director do Max-Planck-Institut für ausländisches und internationales Privatrecht): "EC Conflict of Laws – A Matter of Coordination".
Professor Jürgen Basedow (Director of the Max Planck Institute for Foreign Private and Private International Law)

10.50 hrs./11.10 hrs. – Pausa *Coffee break*

11.10 hrs./11.45 hrs. – Dr. Mário Tenreiro (Chefe de Unidade nos serviços da Comissão Europeia): "O espaço europeu de justiça civil: realizações e perspectivas".
Mr. Mário Tenreiro (Head of Unity in the services of The European Commission): "The European Space of Civil Justice: Accomplishments and Perspectives".

11.45 hrs./12.20 hrs. – Professor Doutor Trevor Hartley (London School of Economics): "Jurisdiction and Judgments under EU Law".
Professor Trevor Hartley

12.20 hrs./13.00 hrs. – Debate *Discussion*

13.00 hrs./15.00 hrs. – Almoço livre *Free lunch*

II Sessão – Direito Internacional Privado em matéria patrimonial
II Session – Private International Law in contract and tort matters

Moderadora: Professora Doutora Maria Helena Brito (Faculdade de Direito da Universidade Nova de Lisboa e Tribunal Constitucional)
Moderator: Professor Maria Helena Brito (New University of Lisbon, School of Law and Constitutional Court)

15.00 hrs./15.35 hrs. – Professor Doutor Erik Jayme (Ruprecht-Karls-Universität Heidelberg): "Choice-of-Law Clauses in International Contracts: Some Thoughts on the Reform of Art. 3 of the Rome Convention".
Professor Erik Jayme (University of Heidelberg)

15.35 hrs./16.10 hrs. – Professor Doutor Dário Moura Vicente (Faculdade de Direito de Lisboa): "A comunitarização do Direito Internacional Privado e o comércio electrónico".
Professor Dário Moura Vicente (Lisbon School of Law): "The Communitarization of Private International Law and the Electronic Commerce".

16.10 hrs./16.30 hrs. – Pausa *Coffee break*

16.30 hrs./17.05 hrs. – Professor Doutor Luís de Lima Pinheiro (Faculdade de Direito de Lisboa): "O Direito de Conflitos e as liberdades comunitárias de estabelecimento e de prestação de serviços".
Professor Luís de Lima Pinheiro (Lisbon School of Law): "Conflict of Laws and the Communitary Freedoms of Establishment and to Provide Services".

17.05 hrs./17.45 hrs. – Debate *Discussion*

19.45 hrs. – Jantar no Restaurante "A Charcutaria", Rua do Alecrim n.º 47-A
Dinner at the Restaurant "A Charcutaria", Rua do Alecrim no. 47-A

8 de Maio (Sábado)
May 8 (Saturday)

III Sessão – Direito Internacional Privado em matéria pessoal
III Session – Private International Law in Personal Matters

Moderadora: Professora Doutora Isabel de Magalhães Collaço (Faculdade de Direito de Lisboa)
Moderator: Professor Isabel de Magalhães Collaço (Lisbon School of Law)

09.00 hrs./09.35 hrs. – Professor Doutor Rui Moura Ramos (Faculdade de Direito de Coimbra e Tribunal Constitucional): "Direito ao nome, Direito Internacional Privado e Direito Comunitário"
Professor Rui Moura Ramos (Coimbra School of Law and Constitutional Court): "Right to the name, Private International Law and European Community Law).

09.35 hrs./10.10 hrs. – Professora Doutora Maria Helena Brito (Faculdade de Direito da Universidade Nova de Lisboa e Tribunal Constitucional): "Regulamento relativo à competência, ao reconhecimento e à execução de decisões em matéria matrimonial e em matéria de responsabilidade parental".
Professor Maria Helena Brito (New University of Lisbon, School of Law and Constitutional Court): "Regulation concerning jurisdiction and the recognition and enforcement of judgments in matrimonial matters and the matters of parental responsibility".

10.10 hrs./10.30 hrs. – Pausa *Coffee break*

10.30 hrs./11.05 hrs. – Professor Doutor Paul Lagarde (Université de Paris I): "Eléments pour un droit international privé communautaire des successions et des régimes matrimoniaux".
Professor Paul Lagarde (University Paris I): "Elements for an European Community Private International Law of Succession and Matrimonial Property".

11.05 hrs./11.40 hrs. – Debate *Discussion*

11.40 hrs./12.00 hrs. – Encerramento *Conclusions*

Local de realização do Seminário: Auditório da Faculdade de Direito de Lisboa
Place of the Seminar: Auditorium of the Lisbon School of Law

Tradução simultânea português/inglês/francês
Direct translation Portuguese/English/French

Apoio institucional: Ministério da Justiça, Ordem dos Advogados e Centro de Estudos Judiciários.
Institutional support: Ministry of Justice, Lawyers Association and School of Judiciary Studies

Patrocínios: Fundação Calouste Gulbenkian e Fundação Luso-Americana para o Desenvolvimento.
Sponsorships: Calouste Gulbenkian Foundation and Luso-American Foundation

Divulgação e relações públicas: Mestre Eugénia Galvão Teles.
Advertisement and press: LL.M. Eugénia Galvão Teles.

Secretariado executivo: Mestre Elsa Dias Oliveira.
Executive secretariat: LL.M. Elsa Dias Oliveira.

Apoios: Caixa Geral de Depósitos, British Council, Instituto Franco-Português e Hotel Tivoli.
Support

ALOCUÇÃO PROFERIDA
POR LUÍS DE LIMA PINHEIRO
NA SESSÃO DE ABERTURA

Exmo. Sr. Secretário de Estado,
Exmo. Sr. Presidente do Conselho Directivo da Faculdade de Direito de Lisboa,
Caros Colegas e Alunos,
Minhas Senhoras e Meus Senhores,
Agradeço a V. presença neste Seminário.

Ao acolher este Seminário a FDL manifesta a sua abertura às novas realidades jurídicas que decorrem da integração europeia e da globalização.

A Comunitarização do Direito Internacional Privado constitui o processo mais radical de transformação deste ramo do Direito ocorrido na ordem jurídica portuguesa desde a publicação do Código Civil de 1966. Representa igualmente a mais vasta alteração do Direito privado vigente em Portugal desde a reforma do Código Civil de 1977.

Este processo de comunitarização significa, antes do mais, que a determinação do Direito aplicável às situações transnacionais, a fixação da competência internacional dos tribunais portugueses e o reconhecimento de decisões estrangeiras passam a ser regulados por normas comunitárias, contidas principalmente em regulamentos.

Em época de globalização, estes problemas colocam-se cada vez com mais frequência.

Perante uma situação que tem contactos relevantes com outro Estado os tribunais portugueses têm de averiguar se são internacionalmente competentes e têm de determinar o Direito aplicável.

Perante uma decisão estrangeira que se pretende fazer valer em Portugal é necessário saber se os seus efeitos se produzem na ordem jurídica portuguesa e se a decisão é exequível nos nossos tribunais.

Com este processo de comunitarização não muda, apenas, formalmente, a fonte das normas aplicáveis.

Os regimes comunitários vêm consagrar soluções em muitos casos diferentes daquelas que vigoravam no Direito interno ou contêm uma regulação mais desenvolvida do que a constante do Direito interno.

Os regulamentos comunitários prevalecem, em princípio, sobre o Direito Internacional Privado de fonte interna, que vê o seu campo de aplicação comprimido e, em alguns casos, reduzido a uma margem residual.

Nas matérias do Direito Internacional Privado em que a Comunidade Europeia não tiver ainda exercido uma competência reguladora, os Estados-Membros são livres de legislar ou celebrar com terceiros Estados convenções internacionais. No entanto, uma vez exercida esta competência exclui ou, pelo menos, limita a competência dos Estados--Membros.

Trata-se, pois, de um processo de grande magnitude e com o maior significado para o ensino do Direito e para a prática jurídica.

Não vou examinar nem sequer referir exaustivamente a legislação comunitária já publicada e em preparação. Estou certo que as comunicações proferidas pelos outros participantes neste Seminário o farão melhor que eu. No que toca aos aspectos gerais, o Dr. Mário Tenreiro apresentará um panorama completo das realizações e das perspectivas e o Professor Jürgen Basedow falar-nos-á da coordenação das várias fontes comunitárias do Direito de Conflitos

Direi apenas duas palavras.

Até à entrada em vigor do Tratado de Amesterdão (em 1999) a unificação do Direito Internacional Privado à escala comunitária foi feita essencialmente através de convenções internacionais:

– em matéria de competência internacional e reconhecimento de decisões estrangeiras, a Convenção de Bruxelas Relativa à Competência Judiciária e à Execução de Decisões em Matéria Civil e Comercial (1968) – alterada por diversas convenções de adesão;
– em matéria de determinação do Direito aplicável a contratos internacionais, a Convenção de Roma sobre a Lei Aplicável às Obrigações Contratuais.

Em algumas Directivas encontravam-se normas de Direito Internacional Privado, mas tratava-se de normas fragmentárias relativas a questões bem delimitadas.

O processo de comunitarização foi desencadeado pelo Tratado de Amesterdão. Nos termos dos arts. 61.º /c) e 65.º do Tratado da Comunidade Europeia, com a redacção dada pelo Tratado de Amesterdão[1], o Conselho adoptará medidas no domínio da cooperação judiciária em matéria civil, "na medida do necessário ao bom funcionamento do mercado interno". Estas medidas terão por objectivo, nomeadamente (art. 65.º):

"a) Melhorar e simplificar:
– o reconhecimento e a execução das decisões em matéria civil e comercial, incluindo as decisões extrajudiciais;
"b) Promover a compatibilidade das normas aplicáveis nos Estados-Membros em matéria de conflitos de leis e de jurisdição".

Este preceito encontra-se redigido em termos algo restritivos, que não parecem atribuir uma competência genérica aos órgãos comunitários em matéria de Direito Internacional Privado.

Mas os órgãos comunitários fizeram uma "interpretação extensiva" que, na prática, prescinde de qualquer nexo efectivo com o funcionamento do mercado interno e abrange a uniformização de quase todo o Direito Internacional Privado.

Neste sentido apontaram designadamente, o Plano de acção do Conselho e da Comissão sobre a melhor forma de aplicar as disposições do Tratado de Amesterdão relativas à criação de um espaço de liberdade, de segurança e de justiça (1998)[2] e o projecto de programa de medidas destinadas a aplicar o reconhecimento mútuo das decisões em matéria civil comercial (2001)[3].

---

[1] Art. 2.º/15.

[2] Que contemplou a uniformização em matéria de Direito aplicável às obrigações não-contratuais e, se necessário, o início da revisão de certas disposições da Convenção de Roma sobre a Lei Aplicável às Obrigações Contratuais, num prazo de dois anos a contar da entrada em vigor do Tratado (1/5/99). O mesmo Plano previu que no prazo de cinco anos a contar da entrada em vigor do Tratado se examinasse a possibilidade de actos comunitários sobre o Direito aplicável ao divórcio e sobre a competência internacional, Direito aplicável, reconhecimento e execução de sentenças em matéria de regime matrimonial de bens e de sucessão por morte.

[3] Que propôs a elaboração de instrumentos comunitários sobre competência internacional, reconhecimento e execução de sentenças em matéria de dissolução dos regimes matrimoniais, de consequências patrimoniais da separação de casais não casados e de sucessões, bem como em matéria de responsabilidade parental e dos outros aspectos não patrimoniais da separação de casais.

Seguindo esta "interpretação extensiva", o Conselho adoptou quatro regulamentos no domínio do Direito Internacional Privado, para além de outros regulamentos que dizem respeito ao Direito Processual Civil Internacional em sentido estrito[4]:

- o Reg. (CE) n.º 1346/2000, de 29/5, relativo aos processos de insolvência[5] – que cobre a determinação do Direito aplicável, a competência internacional e o reconhecimento de decisões;
- o Reg. (CE) n.º 1347/2000, de 29/5, relativo à competência, ao reconhecimento e à execução de decisões em matéria matrimonial e de regulação do poder paternal em relação a filhos comuns do casal[6];
- Reg. (CE) nº 44/2001, de 22/12/2000, relativo à competência judiciária, ao reconhecimento e à execução de decisões em matéria civil e comercial[7], que será em especial tratado pelo Professor Trevor Hartley;
- Reg. (CE) n.º 2201/2003, de 27/11/2003, relativo à competência, ao reconhecimento e à execução de decisões em matéria matrimonial e em matéria de responsabilidade parental e que revoga o Reg. (CE) n.º 1347/2000[8], que será objecto da comunicação da Professora Helena Brito.

Além disso existem propostas de Regulamento:

- sobre a criação de um "Título Executivo Europeu", i.e., a atribuição de força executiva a decisões condenatórias relativas a créditos

---

[4] Ao abrigo das mesmas disposições do Tratado foram também publicados os Regs. (CE) n.º 1348/2000, do Conselho, de 29/5/2000, relativo à citação e à notificação dos actos judiciais e extrajudiciais em matéria civil e comercial nos Estados-Membros, *JOCE* L 160/37, de 30/6/2000, e n.º 1206/2001, do Conselho, de 28/5/2001, relativo à cooperação entre os tribunais dos Estados-Membros no domínio da obtenção de provas em matéria civil ou comercial, *JOCE* L 174/1, de 27/6/2001. Ver ainda Decisão da Comissão de 25/9/2001 que estabelece um manual de entidades requeridas e um glossário de actos que podem ser objecto de citação ou de notificação ao abrigo do Reg. (CE) n.º 1348/2000 do Conselho, *JOCE* L 298/1, de 15/11/2001.
[5] *JOCE* L 160/1, de 30/6/2000.
[6] *JOCE* L 160/19, de 30/6/2000.
[7] *JOCE* L 012/1, de 16/1/2001.
[8] *JOCE* L 338/1, de 23/12/2003.

pecuniários não contestados proferidas noutros Estados-Membros sem necessidade de uma declaração de executoriedade (proposta de 2002, que foi recentemente objecto de uma posição comum adoptada pelo Conselho); e
– sobre a Lei Aplicável às Obrigações Extracontratuais, designado Regulamento Roma II (proposta de 2003).

Também estão em curso trabalhos com vista à transformação da Convenção de Roma sobre a Lei Aplicável às Obrigações Contratuais num regulamento comunitário (designado Regulamento Roma I). Com estes trabalhos se relaciona a comunicação do Professor Erik Jayme.

No que toca à comunitarização do Direito Internacional Privado em matéria patrimonial há ainda a referir a comunicação do Professor Moura Vicente que versará sobre o comércio electrónico e a minha comunicação sobre o Direito de Conflitos e as liberdades comunitárias de estabelecimento e de prestação de serviços.

Com respeito à comunitarização do Direito Internacional Privado em matéria pessoal o nosso Seminário contará ainda com as comunicações do Professor Rui Moura Ramos sobre o direito ao nome e do Professor Paul Lagarde sobre os regimes matrimoniais e as sucessões, além da já referida comunicação da Professora Helena Brito.

Não escondo que assumo uma atitude crítica relativamente ao modo como se tem processado a comunitarização do Direito Internacional Privado. Sou partidário da integração europeia e de uma unificação do Direito Internacional Privado à escala comunitária.

Entendo que, em rigor, a unificação do Direito Internacional Privado não é necessária à existência e bom funcionamento do mercado único nem requerida pela integração política. A tradição de pluralismo jurídico de vários Estados atesta que dentro de uma unidade política podem coexistir vários sistemas de Direito privado, incluindo o Direito Internacional Privado, sem perturbações significativas do mercado interno.

A unificação do Direito Internacional Privado é para mim inteiramente justificada à luz das exigências da certeza e da previsibilidade jurídicas, da tutela da confiança legítima e da promoção da harmonia internacional de soluções.

O ideal seria uma unificação do Direito Internacional Privado à escala mundial, mas isto tem-se mostrado muito difícil, razão por que se justifica uma unificação europeia.

Tenho dúvidas que a atribuição aos órgãos comunitários de uma competência legislativa em matéria de Direito Internacional Privado que, mediante o seu exercício, se torna exclusiva, se ajuste ao modelo de união política descentralizada que, a meu ver, convém à Europa.

Seja como for, a comunitarização está aí... é uma realidade, e importa intervir neste processo por forma a contribuir para o melhoramento técnico e político-jurídico dos actos comunitários e para o seu conhecimento pela comunidade jurídica.

Espero que este Seminário sirva estes objectivos, sem excluir a reflexão crítica.

A realização deste Seminário só foi possível graças à disponibilidade, apoio e colaboração de várias pessoas e instituições.

Em primeiro lugar quero agradecer aos senhores conferencistas que aceitaram participar neste Seminário e que muito nos honram com a sua presença. Não posso deixar de fazer uma menção especial à Professora Isabel de Magalhães Collaço e agradecer os seus preciosos conselhos sobre a organização deste Seminário e a sua prestigiante participação.

O apoio institucional do Gabinete para as Relações Internacionais Europeias e de Cooperação do Ministério da Justiça, do Centro de Estudos Judiciários e da Ordem dos Advogados deu contributo inestimável para esta realização.

Os indispensáveis recursos financeiros devem-se principalmente à Fundação Calouste Gulbenkian e à Fundação Luso-Americana para o Desenvolvimento, para quem vai o nosso agradecimento.

Há ainda a referir outros apoios que facilitaram a realização deste Seminário: Caixa Geral de Depósitos, British Council, Instituto Franco-Português e Hotel Tivoli.

Last, but not the least, este Seminário não teria sido possível sem a colaboração incansável da Mestre Elsa Dias Oliveira, que arcou com a maior parte do trabalho organizativo, sem a valiosa colaboração da Mestre Eugénia Galvão Teles que foi responsável pela divulgação do Seminário e sem o apoio activo do Conselho Directivo da FDL presidido pelo Professor Sousa Franco, em que se salientou o Professor Vera-Cruz Pinto.

A todos: muito obrigado!

EC CONFLICT OF LAWS – A MATTER OF COORDINATION

JÜRGEN BASEDOW, Hamburg[*]

I. Introduction

By the Treaty of Amsterdam the European Community has been endowed with a new and fairly comprehensive competence in the field of judicial cooperation in civil matters. Under art. 65 it includes the adoption of measures that promote the compatibility of the rules applicable in the Member States concerning the conflict of laws and of jurisdiction. Ever since the year 2000 regulations in the field of insolvency procedures, service of documents and taking of evidence abroad, jurisdiction and the enforcement of judgements, etc., give evidence of a dynamic growth of a new sector of Community Law.[1] More recently, the Commission has pro-

---

[*] Director do Max-Planck-Institut für ausländisches und internationales Privatrecht.

[1] Council Regulation (EC) No 1346/2000 of 29 May 2000 on insolvency proceedings, O.J. 2000 L 160/1; Council Regulation (EC) No 1347/2000 of 29 May 2000 on jurisdiction and the recognition and enforcement of judgments in matrimonial matters and in matters of parental responsibility for children of both spouses, O.J. 2000 L 160/19; replaced by Council Regulation (EC) No 2201/2003 of 27 November 2003 concerning jurisdiction and the recognition and enforcement of judgments in matrimonial matters and the matters of parental responsibility, repealing Regulation (EC) No 1347/2000, O.J. 2003 L 338/1; Council Regulation (EC) No 1348/2000 of 29 May 2000 on the service in the Member States of judicial and extrajudicial documents in civil or commercial matters, O.J. 2000 L 160/37; Council Regulation (EC) No 44/2001 of 22 December 2000 on jurisdiction and the recognition and enforcement of judgments in civil and commercial matters, O.J. 2001 L 12/1; Council Regulation (EC) No 1206/2001 of 28 May 2001 on cooperation

posed a regulation on the law applicable to non-contractual liability (Rome II)[2] and has published a Green Paper on the transformation of the Rome Convention on the law applicable to contractual obligations of 1980 into a Community instrument (Rome I).[3] Other projects concerning the law applicable to divorce proceedings and to issues of inheritance appear to be in the pipeline, and recent opinions of the Court of Justice relating to the freedom of establishment of companies[4] suggest legislative initiatives of the Community in respect of the law applicable to corporations.

The fundamental changes brought about by such activities are not welcome everywhere. Scholars across Europe are slow in recognizing the new legal framework of private international law in Europe. Many are still doubtful of the legitimacy of the Community's role in this field, they question its legislative competence, its exercise in line with the principles of subsidiarity and proportionality, or the appropriateness of Community action next to other forms of international law-making in this field.[5] I have contributed to that debate at other occasions and shall not repeat here what I said before.[6] The legislative competence of the Community can hardly be questioned, and its exercise is essentially a matter of political discretion which has been exercised by Community institutions. Whoever knows the

---

between the courts of the Member States in the taking of evidence in civil or commercial matters, O.J. 2001 L 174/1.

[2] Proposal for a Regulation of the European Parliament and the Council on the law applicable to non-contractual obligations ("ROME II"), COM(2003)427 final of 22.7.2003.

[3] Green Paper on the conversion of the Rome Convention of 1980 on the law applicable to contractual obligations into a Community instrument and its modernisation, COM(2002)654 final of 14.1.2003.

[4] ECJ 30.9.2003, case C-167/01 *Kamer van Koophandel en Fabrieken voor Amsterdam* v. *Inspire Art Ltd.* [2003] E.C.R. (not yet published); ECJ 5.11.2002, case C-208/00 *Überseering BV* v. *NCC* [2002] E.C.R. I-9919; ECJ 9.3.1999 Case C-212/97 *Centros Ltd* v. *Erhvervs- og Selskabsstyrelsen* [1999] E.C.R. I-1459.

[5] Gaudemet-Tallon, Quel droit international privé pour l'Union Européenne?, in :*International Conflict of Laws for the Third Millenium – Essays in Honor of Friedrich K. Juenger* (Ardsley N.Y. 2001) 317, 328 et seq.; de Lima Pinheiro, Federalismo e Direito Internacional Privado – algunas reflexões sobre a comunitarização do Direito Internacional Privado, *Cadernos de Direito Privado* (2003) no. 2 p. 3, 18; in the opposite direction Joustra, Naar een communautair internationaal privaatrecht!, in: *Nederlandse Vereniging voor Internationaal Recht – Preadviezen* (La Haye 2002) 1, 54 et seq.

[6] Basedow, The Communitarization of the Conflict of Laws under the Treaty of Amsterdam, 37 *CML Rev.* (2000) 687.

course of policy-making and legislative proceedings in the Community should not expect the current trend to be reversed. The future of private international law in the European Community will essentially be determined by the Community institutions.[7] Instead of fighting for national sovereignty in this field scholars should rather assist Community institutions in preparing and improving Community legislation. For this is a historical moment in the development of private international law. For the first time after the end of the 19th century when the Hague Conference on Private International Law was established the vision of uniform conflict rules being applied across Europe appears as a silver line at the horizon. If implemented they would favour harmony of decisions in the courts of the Member States which is an essential condition of a European area of justice.

In accordance with this basic approach the following paper is meant to point to a serious follow-up problem of Community involvement in this field, i.e. to the intransparency of the law that might result from its own activities and from the co-existence of Community law and other international instruments dealing with conflicts issues. My remarks shall focus on the private international law of obligations. After a short look at the pre-existing fragmentary Community legislation in this field (infra II) I shall turn to two areas of potential conflict that call for coordination. In the first place this relates to the conflicts between the future Rome I and II instruments on the one hand and the internal market Directives proposed by the Commission on the other (infra III). In the second place the relation between the Rome I and II regulations and international conventions in those fields merit a closer look (infra IV).

II. Preexisting Community Legislation and Rome I

While art. 65 EC poses some new problems the Community adopted conflict rules already before that provision was introduced by the Treaty of Amsterdam. However, not a single one of the preexisting conflict rules

---

[7] As to the political will cf. the Action Plan of the Council and the Commission on how best to implement the provisions of the Treaty of Amsterdam on an area of freedom, security and justice - Text adopted by the Justice and Home Affairs Council of 3 December 1998, O.J. 1999 C 19/1.

was adopted for the improvement of private international law in the Community.[8] They all form part of Community measures which were taken for substantive policy purposes relating to specific markets. Instead of being labelled as conflict of laws acts they are rather annexed to other substantive harmonization measures which pursue the integration of the respective market. Depending on the particular sector such measures are based on arts. 47 and 55 EC allowing for harmonization measures in support of the freedom of establishment and the freedom to provide services, on art. 71 in respect of the field of transport or on art. 95 EC relating to the internal market. Some examples may serve as illustrations.

It is well known that art. 6 (2) of Directive 93/13 on unfair terms in consumer contracts[9] ensures that the consumer does not loose the protection of the minimum standards granted by the Directive through the choice of a third state law if the contract has a close connection with the territory of the Member States. This fragmentary conflict rule has been a guideline for similar provisions in subsequent Directives on consumer contracts.[10] Being part of Community law they take precedence over the Rome Convention.

Under art. 1 (3) of that Convention direct insurance relating to risks situated in the Community is exempted from that Treaty. Instead, the insurance Directives of the second generation contain very detailed and complex conflict rules in respect of life assurance and indemnity insurance.[11]

---

[8] See the survey in Basedow, Europäisches Internationales Privatrecht, 49 *Neue Juristische Wochenschrift* (1996) 1921 et seq..

[9] Council Directive 93/13/EEC of 5 April 1993 on unfair terms in consumer contracts, O.J. 1993 L 95/29.

[10] Cf. art. 12(2) of the Directive 97/7/EC of the European Parliament and of the Council of 20 May 1997 on the protection of consumers in respect to distance contracts, O.J. 1997 L 144/19; art. 7(2) of the Directive 1999/44/EC of the European Parliament and of the Council of 25 May 1999 on certain aspects of the sale of consumer goods and associated guarantees, O.J. 1999 L 171/12; art. 12(2) of the Directive 2002/65/EC of the European Parliament and of the Council of 23 September 2002 concerning the distance marketing of consumer financial services and amending Council Directive 90/619/EEC and Directives 97/7/EC and 98/27/EC, O.J. 2002 L 271/16.

[11] Cf. arts. 7 et seq. of the Second Council Directive 88/357/EEC of 22 June 1988 on the coordination of laws, regulations and administrative provisions relating to direct insurance other than life assurance and laying down provisions to facilitate the effective exercise of freedom to provide services and amending Directive 73/239/EEC, O.J. 1988 L 172/1; art. 31 of the Directive 2002/83/EC of the European Parliament and of the Council of 5 November 2002 concerning life assurance, O.J. 2002 L 345/1.

The approach of these conflict rules basically differs from that of the Rome Convention which remains applicable, however, in relation to risks situated outside the Community.

In respect of workers posted by their employers to another Member State in the framework of the transnational provision of services, Directive 96/71 essentially provides for the application of certain mandatory rules of the host country laying down terms and conditions of employment; such mandatory provisions must be observed irrespective of the law applicable to the employment contract.[12]

A similar mandatory reference to the law of the host country is made by some Community instruments dealing with cabotage transport, i.e. the transport between two places in the host Member State carried out by an undertaking established in another Member State. According to art. 6 of Regulation 3118/93 on road cabotage a Portuguese carrier who accepts goods for carriage from Vigo to Barcelona would be subject to the Spanish "rates and conditions governing the transport contract" irrespective of the law that would otherwise be applicable.[13]

Such fragmentary conflict rules have been discussed by legal writers for many years. They render the choice of law process which is an inherently difficult intellectual operation more and more complicated. Insofar as contained in directives they threaten the transparency of the law even more since the Member States may implement such directives in very different ways and at remote places of their own legislation. If Rome I and Rome II will be adopted as comprehensive regulations legal advisors and judges will have even greater difficulty to understand that a national statute dealing with a specific issue which would generally be covered by Rome I or Rome II takes priority over those Community regulations. An incorporation of the specific conflict rules into the Rome I and II instruments therefore is recommended at least in so far as those specific conflict rules are contained in directives. When commenting on the Commission's Green Paper on the transformation of Rome I into a Community instru-

---

[12] Cf. art. 3(1) of the Directive 96/71/EC of the European Parliament and of the Council of 16 December 1996 concerning the posting of workers in the framework of the provision of services, O.J. 1997 L 18/1.

[13] Cf. art. 6 of the Council Regulation (EEC) No 3118/93 of 25 October 1993 laying down the conditions under which non-resident carriers may operate national road haulage services within a Member State, O.J. 1993 L 279/1.

ment the Max Planck Institute has in fact pursued this objective and suggested draft conflict rules to this effect.[14]

III. Internal Market Directives and Rome I and II

The scattered conflict rules of the Community mentioned above relate to transborder activities which are either carried out within the internal market or somehow affect its legal framework. In this perspective they have one thing in common. They essentially refer to the law of the host state and thereby provide for exceptions from the basic principle of the internal market, i.e. the country-of-origin principle. As defined in art. 14 (2) EC the internal market comprises an area in which the free movement of goods, persons, services and capital is ensured. Put in other words, goods produced and services supplied in accordance with the law of a Member State may be exported to other Member States without any restrictions. It has been unclear for many years to what extent the Community intends to protect the reliance on the law of the country of origin only in respect of the regulatory framework of markets relating to licenses, safety standards, supervision by authorities, etc., leaving aside matters of private law. Sector-specific Community instruments enacted for the implementation of the internal market have never explicitly extended the country-of-origin principle to private law, leaving the issue of the applicable law in matters such as contracts, restitution or delictual liability to the national rules of private international law.

The general legal structure of the internal market outlined above is about to change, being subject to divergent proposals that originate in two Directorates General of the European Commission. On the one hand the Directorate General on Justice and Home Affairs pushes the Rome I and II projects which amount to a codification of the private international law of obligations at the Community level, but are essentially in line with existing legislation in the Member States.[15] On the other hand the Directorate

---

[14] Max Planck Institute for Foreign Private and Private International Law, Comments on the European Commission's Green Paper on the conversion of the Rome Convention of 1980 on the law applicable to contractual obligations into a Community instrument and its modernization, 68 *RabelsZ* (2004) 1, 12 et seq., 48 et seq., 105.

[15] See above notes 2 and 3.

General for the Internal Market has switched, in its recent legislative proposals, to an outright extension of the country-of-origin principle to the area of private law.

A first step in that direction was taken in Directive 2000/31 on electronic commerce.[16] It provides for the harmonization of national laws in various sectors including some issues of private law. Under its art. 3 (1) each Member State must ensure that the service providers established on its territory comply with the national provisions of that state "which fall within the coordinated field". It is a corollary of this obligation that the other Member States "may not, for reasons falling within the coordinated field, restrict the freedom to provide information society services" from the first Member State, art. 3 (2). Given the exceptions contained in the annex which inter alia include the contractual choice of law and obligations arising from consumer contracts little doubt appears to be possible that the incorporation of the country-of-origin principle contained in art. 3 is not limited to government regulation, but includes issues of the applicable private law. On the other hand art. 1 (4) makes it clear that the Directive "does not establish additional rules on private international law". The ambiguity could not be greater.[17] So far, the Community institutions have not given an authoritative clarification of the scope of the Directive on electronic commerce.

More recent Commission proposals are less ambiguous. Under art. 4 of a proposal for a Directive concerning unfair business-to-consumer commercial practices in the internal market traders "shall only comply with the national provisions falling within the field approximated by this

---

[16] Directive 2000/31/EC of the European Parliament and of the Council of 8 June 2000 on certain legal aspects of information society services, in particular electronic commerce, in the Internal Market ("Directive on electronic commerce"), O.J. 2000 L 178/1.

[17] Cf. e.g. Fallon/Meeusen, Le commerce électronique, la directive 2000/31/CE et le droit international privé, 91 *Rev. crit. d. i. p.* (2002) 435; Bergé, La répartition communautaire des compétences entre les droits nationaux: faut-il ou non s'interroger sur un renouvellement des analyses en droit international privé?, *Petites affiches* (2003) no. 101, 17; Mankowski, Herkunftslandprinzip und deutsches Umsetzungsgesetz zur e-commerce-Richtlinie, 22 *Praxis des Internationalen Privat- und Verfahrensrechts* (2002) 257; Spindler, Herkunftslandprinzip und Kollisionsrecht - Binnenmarktprinzip oder Harmonisierung?, 66 *RabelsZ* (2002) 633; Grundmann, Das Internationale Privatrecht der E-Commerce-Richtlinie – was ist kategorial anders im Kollisionsrecht des Binnenmarkts und warum?, 67 *RabelsZ* (2003) 246.

Directive, of the Member State in which they are established".[18] The field of approximation of that Directive includes cease-and-desist orders and penalties which would usually fall into the scope of the law applicable to unfair competition. Art. 6 (1) of the Commission proposal for a Rome II regulation would subject such issues to the law of the national market affected by the unfair competitive behavior; this is in clear contrast to the country-of-origin principle laid down in the above-cited art. 4 (1) of the proposal for a Directive on unfair commercial practices. Since art. 23 (2) of the Rome II proposal gives priority to the Community's internal market legislation, art. 6 Rome II will be deprived of much of its significance.

The most far-reaching incorporation of the country-of-origin principle is contained in art. 16 of a Commission proposal for a Directive on services in the internal market published in March 2004.[19] Under that article "providers are subject only to the national provisions of their Member State of origin which fall within the coordinated field," and it is expressly stated that this rule "shall cover national provisions relating to ... advertising, contracts and the provider's liability." A great number of exceptions mitigates potential conflicts with the general rules of private international law. In particular, tensions with Rome I are not very likely given the exclusion of choice of law clauses, consumer contracts and the transfer of rights in immovables; after all the country-of-origin principle is essentially in line with the conflict rule laid down in art. 4 (2) of the Rome Convention referring to the law of the country where the party owing the characteristic performance has its habitual residence, central administration or principal place of business. Sharp conflicts may arise, however, in the field of non-contractual liability. In accordance with many national statutes on private international law the conflict rules proposed by the Commission for Rome II mostly refer to the law of the country where the damage is sus-

---

[18] Proposal for a Directive of the European Parliament and of the Council concerning unfair business-to-consumer commercial practices in the Internal Market and amending Directives 84/450/EEC, 97/7/EC and 98/27/EC (the Unfair Commercial Practices Directive), COM(2003) 356 final of 18.6.2003.

[19] Proposal for a Directive of the European Parliament and of the Council on services in the internal market, COM(2004)2 final of 13.1.2004; cf. Sonnenberger, Kommissions-Vorschlag für eine Rahmenrichtlinie des Europäischen Parlaments und des Rates über Dienstleistungen im Binnenmarkt, KOM (2004) 2, 50 *Recht der Internationalen Wirtschaft* (2004) 321.

tained[20] whereas the country-of-origin principle often comes down to the application of the law of the state where the perpetrator is established. The contrast could not be greater.

In the area of tort and delict this is a dangerous approach. Rome II and the national conflict rules are inspired by the social function of tort law which is to protect the citizen in a given society against losses arising from the infringement of his or her rights. In accordance with the conceptions of right and wrong prevailing where he is living the victim may claim the cessation of a certain behavior or the redress of losses he has suffered therefrom. The application of the law of the country where the damage is sustained is an essential condition for the reliability of that country's legal system. People living in that country need that reliability for insurance purposes, and the society as a whole is dependent on it for the continuous reconfirmation of its values. The exposure to different values prevailing in twenty-four other Member States will have grave consequences in the absence of a simultaneous approximation of the substantive law. It follows that the country-of-origin principle is a viable solution only in such areas where substantive harmonization has approximated the national laws to a point where the remaining differences can be overcome by efforts of mutual tolerance. This has to be investigated for the individual sectors. It would appear for example that the substantive harmonization in the field of unfair advertising has already achieved a degree which would allow for the adoption of the country of origin principle in that area.[21] But the same cannot be taken for granted in respect of many other services. The sweeping turn to the country-of-origin principle would therefore appear to be premature as far as private international law is concerned. What we would need instead is a case-by-case approach.

Moreover, the incorporation of the country-of-origin principle in legal instruments other than the regulations on private international law will give rise to much confusion. The co-existence of several Community acts giving divergent responses to one and the same issue, i.e. that of the applicable law, entails a highly complicated course of the conflicts analysis. At a first

---

[20] See the references in Hamburg Group for Private International Law, Comments on the European Commission's Draft Proposal for a Council Regulation on the Law Applicable to Non-Contractual Obligations, 67 *RabelsZ* (2003) 1, 3 notes 4 to 7, 13 et seq.

[21] See Hamburg Group for Private International Law, supra n. 20, 67 *RabelsZ* (2003) 1, 19 et seq.

stage judges and practitioners will apply the general conflict rules, e.g. those of the future Rome II regulation. Under art. 23 (2) they must however respect the priority of the internal market legislation, i.e. of a national statute implementing the Community Directive on the services in the internal market. Giving priority to a national statute over a Community regulation is contrary to the basic teachings of Community law. No prophecy is required to predict that this will hardly ever happen. Yet, if it happens, the story is not over. At a third stage the analysis must turn to the numerous exceptions from the country-of-origin principle. If such an exception applies the judge or practitioner will have to return to the general act on private international law, i.e. to Rome II at the fourth stage of the enquiry. Experience in many European countries tells us that judges and especially those of lower courts already now have great difficulties with the conflicts analysis. The conception arising from the proposals made by the two Directorates General of the Commission surpasses all limits of intellectual sophistication. It is easy to foresee that the judges will react by a rush to the public policy exception and to the lex fori. This will be counterproductive for both the internal market program and private international law.

The conflict outlined above is a conflict between legal instruments, but also a conflict between two Directorates General of the Commission. It is unclear and perhaps not very likely that the two Directorates General will achieve a common conception for the Community's private international law of obligations. Both of them are responsible under arts. 65 and 95 EC respectively for the proper functioning of the internal market. But they should pursue this objective in common and not by separate and divergent proposals. If they do not succeed to agree we shall sooner or later have two sets of conflict rules which are partly incompatible or can be reconciled only after an adventurous intellectual operation. The only solution that remains in that case would be an attack of the validity of the respective instruments in the European Court of Justice. One could in fact argue that after the Treaties of Amsterdam and Nice the primary legislative competence for issues of private international law has passed from art. 95 to art. 65 EC as the lex specialis.[22] Therefore, an instrument dealing with

---

[22] As the legislative procedure laid down in art. 67 EC has been aligned with the procedure established in art. 95 EC by the Treaty of Nice, the priority of the latter cannot be maintained, cf. Basedow, supra n. 6, 37 *CML Rev.* (2000) 698; now, the legislation based on art. 65 EC complies to the same extent with the principle of democracy as the legislation adopted under art. 95 EC.

essential parts of private international law and based upon art. 95 EC would lack the appropriate legislative basis.

IV. Community Instruments and International Conventions in Private International Law

For more than 100 years the Hague Conference on private international law has negotiated numerous international conventions which essentially deal with private transborder relations in Europe. Although the Hague Conference has been joined by more and more Member States from outside Europe, ratifications of and accessions to its conventions are mainly those of European countries.[23] The conflicts between those conventions and the Community acts adopted on the basis of art. 65 EC are obvious and call for some kind of coordination.

A first path conducive to this goal would focus on the legislative competence of the Community. One might argue that there is no need for Community action in a field that is covered by international conventions. In view of the principle of subsidiarity, art. 5 (2) EC, the Community should therefore refrain from legislative activities in this area.[24] However, the existence of the Hague conventions is not equivalent to the uniformity of private international law. A survey carried out some years ago revealed that not a single one of the existing conventions had been ratified by all 25 Member States and accession countries as they then were.[25] The lack of complete ratification may be due to a substantial disagreement by some states, but it is realistic to assume that in many cases the non-ratification is simply due to other thematic priorities of the respective government or to a lack of available time in the legislative machinery of that country. Whatever the reason may be, the legislative procedures of the Community are more effective. It can hardly be doubted that the Community, as required by art. 5 (2) EC, can better achieve the objective of uniform rules on the conflict of laws and that the principle of subsidiarity therefore is no obstacle to Community action. It should moreover be borne in mind that

---

[23] Basedow, Was wird aus der Haager Konferenz für Internationales Privatrecht?, in: *Festschrift für Werner Lorenz zum 80. Geburtstag* (Munich 2001) 463, 475 et seq.

[24] See above note 5.

[25] See above note 23.

the Hague conventions are not susceptible of being interpreted by the European Court of Justice whereas divergent interpretations of a Community act can be overcome by the European judiciary.[26]

Therefore, conflicts between the Hague conventions and Community acts cannot be resolved by considerations relating to the legislative competence; particular provisions dealing with those conflicts are required. The Community regulations dealing with jurisdiction, the recognition and enforcement of foreign judgements, with the service of documents and the taking of evidence abroad, and with insolvency procedures do in fact contain such provisions. They essentially pursue the objective of creating a uniform regime for the European area of justice. To this effect they replace the preexisting international conventions by the rules of the respective regulation. Only some conventions dealing with particular matters such as transport that require a special expertise remain unaffected.[27]

Art. 25 of the Rome II proposal provides for a solution that looks similar at a first glance. The Commission proposes in fact that the future regulation "shall not prejudice the application of international conventions to which the Member States are parties when this Regulation is adopted and which, in relation to particular matters, lay down conflict of law rules relating to non-contractual obligations." One might argue that the reference to "particular matters" repeats the formula employed in art. 71 of the Brussels I Regulation but this comparison is not correct. In the field of international civil litigation there are many conventions which contain single rules on jurisdiction or the recognition and enforcement of foreign judgements as a kind of annex to a unified substantive regime dealing with particular areas of the law such as road transport or shipping. Such procedural rules have a complementary function next to the substantive rules and should be applied in a uniform way in all contracting States whether

---

[26] Cf. in this context ECJ 9.10.2001, case C-377/9 *The Netherlands* v. *European Parliament and Council* – "biotechnological inventions" [2001] E.C.R. I-7079 paras. 19 and 32 et seq.

[27] See e.g. arts. 68 to 71 of the Council Regulation (EC) No 44/2001 of 22 December 2000 on jurisdiction and the recognition and enforcement of judgments in civil and commercial matters, O.J. 2001 L 12/1, and arts. 59 to 63 of the Council Regulation (EC) No 2201/2003 of 27 November 2003 concerning jurisdiction and the recognition and enforcement of judgments in matrimonial matters and the matters of parental responsibility, repealing Regulation (EC) No 1347/2000, O.J. 2003 L 338/1.

inside or outside the European Community. As compared with those specialized regimes Brussels I does not address "particular" problems of transport.

With regard to the issue of the applicable law the relation between the future Rome II Regulation and international conventions is very different. Products liability which is the object of one of the competing Hague Conventions is also covered by a specific provision of Rome II, see art. 4. If the Commission, taking into account the specific aspects of product liability, considered that provision to contain the appropriate solution for the conflict of laws in that field, how can the priority that might be given to the Hague Convention in art. 25 be explained? The Convention does not cover a "particular matter" as compared with art. 4 of Rome II. The situation is similar with regard to the law applicable to road accidents which is determined by another Hague Convention. Although Rome II does not contain a specific rule on road accidents the general conflict rule of art. 3 and in particular the exceptions contained in section 2 and 3 of that article have evolved in a series of decisions of the German Federal Court dealing with civil liability resulting from road accidents. It is therefore difficult to affirm the "particular" character of road accidents[28] as compared with Rome II. If both the product liability and the road accident conventions are outside the scope of art. 25 it is difficult to see which conventions could be targeted by that provision.

It is rather likely however, that art. 25 is meant to give priority just to these conventions. Therefore, the effect of art. 25 Rome II will be that the Hague products liability Convention and the Hague road accident Convention will remain in force for some Member States while the other Member States will not even be allowed to accede to those conventions after the Rome II Regulation will have taken effect. Put in other words, art. 25 will perpetuate the existing differences in the conflict of laws between the various Member States. Instead of "promoting the compatibility of the rules applicable in the Member States concerning the conflict of laws" as required by art. 65 (b) EC, art. 25 Rome II will petrify existing divergences in private international law. Such a rule cannot be based on art. 65 EC.

---

[28] Cf. e.g. BGH 13.3.84 *IPRspr.* (1984) No. 29; BGH 8.1.1985 *IPRspr.* (1985) No. 37; BGH 22.12.1987 *IPRspr.* (1987) No. 27; BGH 7.7.1992 *IPRspr.* (1992) No. 58; BGH 28.10.1992 *IPRspr.* (1992) No. 61.

An alternative solution should pay heed to the central objective of creating a uniform conflict of laws regime within the Community. Member States may continue to apply existing international Conventions to which they are a party in their relations with third States, but not in relation to other Member Countries.[29]

V. Conclusion

1. Private international law in the European Community faces a period of important and difficult political decisions. The conceptual basis for these decisions is still unclear and needs further discussion. What can be said, however, as a result of our reflection, is that some traditional ways of thinking should be overcome in order to prepare an appropriate place for Community legislation in the field of conflict of laws. Thus, the Community should stop adopting single and fragmentary conflict rules in the context of its substantive law legislation. Instead a comprehensive legislation in the field of conflict of laws should try to take the need for specific rules into account and incorporate them to the greatest extent possible.

2. The internal market legislation of the Community should be cut back as far as private international law is concerned. While the country-of--origin principle is a desirable objective for many areas of the law which are relevant to the internal market, it should be implemented neither in one go nor outside the main Community acts dealing with private international law. What is needed and possible is a cautious change of the relevant conflict rules towards the country-of-origin principle in those areas where the simultaneous harmonization of substantive law reduces the remaining differences to a point where they can be overcome by mutual tolerance.

3. A third recommendation concerns the relation between the Community conflict rules and the international conventions in this field. In the relations between Member States, differences in private international law must cease to exist. In those relations the Community acts on the conflict of laws should supersede existing conventions which may however remain in force as against third States. Provisions which perpetuate existing divergencies in the private international law of different Member States cannot be adopted on the basis of art. 65 EC.

---

[29] Hamburg Group for Private International Law, supra n. 20, 67 *RabelsZ* (2003) 1, 55 et seq.

O ESPAÇO EUROPEU DE JUSTIÇA CIVIL

Mário Tenreiro, Bruxelas[*]

Resumo

O autor passa em revista os progressos substanciais realizados na construção de um espaço europeu de justiça em matéria civil e comercial, bem como os projectos futuros. A par de novas iniciativas legislativas em áreas ainda não cobertas, o autor chama contudo a atenção para a necessidade de modernizar e completar os instrumentos existentes que considera, por vezes, tributários de conceitos ultrapassados e desadaptados às novas realidades europeias e internacionais. Finalmente, o autor insurge-se contra uma leitura demasiado restritiva das competências da Comunidade e apela para a manutenção de um nível elevado de ambição política, bem como para o desenvolvimento da política externa nesta área.

Um espaço europeu de justiça civil

É conhecido o ímpeto dado pelo Tratado de Amesterdão à construção de um espaço europeu de segurança e justiça, através das novas competências e dos novos mecanismos de actuação estabelecidos, assim como é conhecida a contribuição do Conselho Europeu de Tampere em 1999 que

---

[*] Chefe da Unidade «Justiça Civil» na Direcção Geral "Justiça, Liberdade e Segurança" da Comissão Europeia. As opiniões expendidas pelo autor são puramente pessoais e não vinculam a Instituição a que pertence.

adoptou um programa de trabalho ambicioso. Desde então, nunca mais a política comunitária nesta área deixou as luzes da ribalta através de temas de grande impacto e sensibilidade políticas como são a política de imigração, o controle das fronteiras externas, a luta contra o crime organizado, o terrorismo internacional, etc. Menos conhecidos são os progressos feitos em matéria de justiça civil e, contudo, tem sido esta uma das áreas onde os avanços têm sido mais rápidos e substanciais, como a Comissão reconheceu na sua Comunicação, publicada em Junho de 2004 sobre a avaliação dos progressos realizados desde o Conselho de Tampere (Comunicação da Comissão "Espaço de liberdade, de segurança e de justiça: balanço do programa de Tampere e futuras orientações" [SEC(2004)680 e SEC(2004)693]). A existência de um verdadeiro espaço europeu de justiça civil é cada vez mais uma realidade, e esta realidade diz directamente respeito à vida do dia a dia dos cidadãos comunitários. E os trabalhos em curso, tanto as propostas da Comissão em discussão nas várias instituições comunitárias, como as novas iniciativas em preparação, garantem-nos o desenvolvimento futuro desta política, não só no sentido do seu alargamento a novas áreas, mas também do seu aprofundamento em vista do reforço da cooperação entre os Estados-membros e da supressão progressiva das barreiras jurídicas existentes, como previsto pelo programa de reconhecimento mútuo adoptado conjuntamente pela Comissão e pelo Conselho em fins de 2000.

O conceito de um espaço europeu de justiça civil não pode contudo, a nosso ver, ser reduzido ao objectivo da livre circulação de decisões judiciárias, antes tendo que ter um conteúdo mais substancial por um lado, mais amplo por outro. Mais substancial para que a noção de «espaço» não se reduza a uma mera retórica formal, mas permita de realizar igualmente o conceito de «justiça». Mais amplo, pois «não só de decisões judiciais vive o homem», mas igualmente de uma miríade de mecanismos parajudiciais e administrativos cuja simplificação e articulação entre os Estados-membros é condição sina qua non para resolver os problemas concretos em matéria de direito civil com que os cidadãos se deparam quando fazem uso das liberdades (de circulação, de estabelecimento, etc.) decorrentes da construção europeia. Por exemplo, em matéria de sucessões internacionais, um dos campos futuros de actuação para a política europeia, os problemas com que os herdeiros se deparam têm menos a ver com a competência dos tribunais e o reconhecimento de sentenças, do que com a articulação entre as leis aplicáveis e o reconhecimento de documentos privados e administrativos, registros, etc.

Um verdadeiro espaço de justiça civil deveria, a nosso ver, corresponder a vários critérios. A livre circulação, ou por outras palavras, o reconhecimento mútuo de decisões judiciais e de outros documentos pertinentes deverá obviamente ser assegurada, mas ela deverá acompanhar-se da garantia de um acesso à justiça efectivo pelos cidadãos, da existência de regras comuns relativas à competência internacional dos tribunais e de mecanismos que permitam resolver conflitos de competência, de uma eficácia real do funcionamento do sistema judiciário, tanto a montante, para obter uma decisão judiciária, como a jusante para garantir a execução efectiva dessa decisão, e de uma cooperação estreita entre autoridades judiciárias e administrativas dos diferentes Estados. Uma certa aproximação dos regimes de direito substantivo, bem como a adopção de regras comuns em matéria de conflitos de leis podem igualmente ser elementos úteis, e por vezes necessários, para o bom funcionamento de um espaço de justiça. Finalmente, um espaço europeu de justiça implica, a nosso ver, uma estratégia coerente e articulada nas nossas relações com outros países ou organizações internacionais.

Acções passadas e em curso e projectos futuros

Nos últimos 4 anos, a União Europeia tem desenvolvido acções e tomado iniciativas em todas estas áreas (com adopção final pelo Conselho, ou pelo Conselho e pelo Parlamento Europeu segundo o processo legislativo aplicável) de uma boa dezena de textos legislativos propostos pela Comissão na forma de regulamentos, directivas ou decisões, e muitas outras acções estão em curso ou agendadas. Pouparemos ao leitor o enunciado dos nomes exactos e referências dos textos e propostas legislativas, pois todos eles são facilmente acessíveis através do "site internet" mencionado no próximo parágrafo.

Em matéria de acesso à justiça podemos citar a directiva sobre apoio judiciário adoptada em Janeiro de 2003, os trabalhos lançados em matéria de modos alternativos de resolução de litígios (o Livro Verde publicado pela Comissão em 2002, o estabelecimento de um código europeu de boa conduta em matéria de mediação em 2004 e a apresentação de uma proposta de directiva-quadro em Outubro de 2004), a proposta de regulamento visando a criação de um processo europeu de injunção de pagamento adoptada pela Comissão em Dezembro 2003 e a proposta de directiva sobre os processos simplificados para a resolução de pequenos litígios prevista para o início de 2005. Neste contexto, caberia também referir a directiva adoptada em Abril 2004 sobre a indemnização das vítimas da criminalidade, bem como o lançamento, em todas as línguas comunitárias, do site Internet da rede judicial europeia no início de 2003 (http://europa.eu.int/comm/justice_home/ejn/), já entretanto alargado aos novos idiomas comunitários. Através desse site criado e gerido pela Comissão com a colaboração estreita de todos os Estados-membros, os cidadãos, bem como os profissionais do direito, têm acesso, em todas as línguas comunitárias, a informação sobre o direito comunitário e internacional (e propostas em curso de negociação), bem como sobre as regras e procedimentos em vigor nos vários Estados-membros. Através desse site, tem-se igualmente acesso a um novo mecanismo de cooperação desenvolvido pela Comissão: o atlas judiciário europeu em matéria civil (base de dados sobre tribunais e autoridades competentes, preenchimento de formulários em linha, etc).

Ainda neste contexto faríamos referência ao esforço específico desenvolvido em matéria de política de informação no domínio da justiça civil que não se limita ao site supra-mencionado, mas se estende a outras acções concretas como a publicação de diversas brochuras específicas e o lançamento em 2003, em cooperação com o Conselho da Europa, do Dia Europeu da Justiça Civil que será celebrado todos aos anos a 25 de Outubro, data na qual teve lugar em 2002 em Bruxelas uma conferência conjunta, organizada pelas duas instituições, sobre o acesso à justiça. Uma campanha de informação foi também lançada pela Comissão em 2004 visando os profissionais da justiça de todos os Estados-membros e uma nova campanha será lançada em 2005 para cobrir os novos países membros.

Em matéria de livre circulação de decisões, assim como no que respeita ao estabelecimento de regras relativas à competência dos tribunais e ao reconhecimento de decisões judiciais, devemos citar a adopção pelo Conselho em 2000 de três regulamentos: o chamado Regulamento «Bruxelas I», proveniente da transformação em regulamento da Convenção de Bruxelas de 1968, o Regulamento chamado «Bruxelas II» em matéria de divórcio e responsabilidade parental e o regulamento relativo aos procedimentos de falência.

Se a adopção em 2000 do Regulamento «Bruxelas II» tinha aberto o caminho para a construção de um espaço europeu de justiça no domínio do direito da família, o domínio de aplicação deste texto era ainda muito limitado e a Comissão iniciou imediatamente trabalhos com vista à sua modificação. Assim, um novo passo extremamente importante e inédito, foi realizado em fins de 2003 com a adopção de um novo regulamento que substitui o regulamento Bruxelas II e que vem garantir o reconhecimento mútuo de todas as decisões em matéria de responsabilidade parental, suprimir o «exequatur» para o direito de visita e estabelecer regras específicas e estritas em matéria de raptos parentais. Novas iniciativas estão em estudo no que respeita aos aspectos patrimoniais do direito da família (sucessões, obrigações alimentares, consequências patrimoniais do divórcio ou separação) e vários Livros Verdes foram ou deverão ser publicados pela Comissão (como o Livro Verde sobre as obrigações alimentares publicado em Março de 2004 e o Livro Verde sobre as sucessões, anunciado para princípios de 2005). Finalmente, a realçar, no âmbito de aplicação do Regulamento «Bruxelas I», a adopção em Abril de 2004 do Regulamento relativo à criação de um título executivo europeu para os créditos não contestados, com o qual se prossegue a experiência de supressão progressiva do « exequatur ».

No que respeita à eficácia da justiça em geral, a Comissão Europeia participou activamente nos trabalhos do Conselho da Europa que levaram à criação dum novo mecanismo (CEPEJ – Comissão Europeia Para a Eficácia da Justiça), e desenvolve trabalhos autónomos no que respeita à eficácia da execução das decisões judiciais. Diversos Livros Verdes deverão ser publicados a este respeito. Mas dizem também respeito à eficácia da justiça várias iniciativas já referidas em matéria de acesso à justiça, como os processos simplificados para os pequenos litígios e a criação do atlas judiciário europeu, e outras como o lançamento de bases de dados sobre a jurisprudência relativa aos instrumentos comunitários.

A cooperação judiciária e administrativa é evidentemente um elemento fundamental ao bom funcionamento de um espaço de justiça. Dois regulamentos, um relativo à citação e notificação de actos e outro relativo à obtenção de provas, adoptados respectivamente em 2000 e 2001 merecem ser citados neste contexto. Com um âmbito mais geral, merecem destaque a decisão do Conselho de 2001 que criou a rede judiciária europeia em matéria civil e comercial e o regulamento de 2002 que criou um programa comunitário de financiamento em substituição do programa «Grothius» que entretanto tinha vindo a termo.

Em matéria de regras de conflitos de leis é de realçar a proposta de Regulamento sobre a lei aplicável às obrigações não contratuais apresentada pela Comissão em Julho de 2003 (conhecida pelo nome de "Roma II"). Muito importantes são igualmente o Livro Verde publicado em Janeiro de 2003 sobre a transformação num regulamento e modernização da Convenção de Roma de 1980 sobre a lei aplicável às obrigações contratuais ("Roma I" – possivelmente esta iniciativa será seguida por uma proposta de Regulamento em 2005), bem como os trabalhos em curso sobre o funcionamento do regulamento "Bruxelas II" no que diz respeito aos problemas decorrentes da diversidade das normas de conflito nacionais que determinam a lei aplicável ao divórcio (trabalhos que deverão culminar num Livro Verde em 2005).

Finalmente, em matéria de relações externas, a Comissão estreitou as suas relações com várias organizações internacionais donde ressaltam o Conselho da Europa, com o qual a Comissão desenvolve nomeadamente iniciativas conjuntas, e a Conferência de Haia de Direito Internacional Privado. A Comissão, em representação da Comunidade, tem igualmente participado em diversas negociações internacionais em diferentes quadros multilaterais. A Comissão recebeu assim inúmeros "mandatos" de negociação para negociar em nome da Comunidade diversas Convenções Internacionais. Das negociações actualmente em curso merecem uma referência particular as negociações relativas à adesão da Comunidade Europeia à Conferência da Haia, bem como as negociações, no quadro dessa organização, de duas importantes Convenções Internacionais – uma sobre os pactos atributivos de jurisdição, outra sobre as obrigações alimentares. Noutro contexto, merecem uma referência particular as negociações em curso relativas a uma nova Convenção para substituir a Convenção de Lugano de 1978 (Convenção com os Estados da EFTA paralela à Convenção de Bruxelas de 1968) e assegurar assim o paralelismo com o Regulamento «Bruxelas I».

Aperfeiçoar os instrumentos existentes

Como nos podemos aperceber pelas linhas anteriores, o espaço europeu de justiça em matéria civil desenvolve-se a passos rápidos, mas há ainda imenso para fazer. Não só para desenvolver este espaço nos âmbitos em que ele não existe, mas também para corrigir, completar e aperfeiçoar os instrumentos existentes. É sobre este último ponto que gostaria agora de desenvolver algumas considerações.

Pensemos antes de mais no Regulamento n.º 44/2001 (Regulamento «Bruxelas I»), o famoso sucessor da Convenção de Bruxelas de 1968, pedra angular da cooperação judiciária civil "avant la lettre". O texto em vigor resulta da revisão da Convenção de Bruxelas levada a cabo pelos Estados-Membros durante vários anos, num contexto intergovernamental. Após a finalização dessa revisão em 1999, a entrada em vigor do Tratado de Amesterdão tornava juridicamente impossível a ratificação da Convenção revista. O texto foi assim transformado pela Comissão em proposta de Regulamento, sem alteração da substância, e adoptado pelo Conselho.

Trata-se contudo, a nosso ver, de um texto tributário duma concepção de cooperação judiciária certamente visionária em 1968, mas que nos parece ultrapassada actualmente. O paradigma fundamental desse texto, recopiado também no Regulamento "Bruxelas II", é o de uma harmonização incompleta das regras de competência, e de uma falta de paralelismo entre as regras de competência e as regras de reconhecimento de sentenças. Quanto à determinação da competência dos tribunais, a preocupação do legislador parece ser mais a de proteger as pessoas domiciliadas num Estado-membro contra os "abusos" das jurisdições dos outros Estados-membros, que a de criar um sistema completo e coerente de regras de competência. Expliquemo-nos.

Se excluirmos certas excepções em matéria de competências exclusivas (os tribunais do lugar da situação do imóvel para acções relativas a direitos reais, por exemplo), as regras de competência estabelecidas pelo Regulamento "Bruxelas I" só se aplicam quando o demandado é domiciliado no território de um Estado-membro. Para determinar a competência eventual para acções contra pessoas domiciliadas no exterior da Comunidade, o Regulamento reenvia, no seu artigo 4, para o direito de cada Estado-Membro. Em matéria de reconhecimento e execução de sentenças, a harmonização é contudo total e completa: toda e qualquer sentença proferida pelo tribunal de um Estado-Membro é reconhecida e executada noutro Estado-membro segundo as regras comuns. Esta situação acarreta várias dificuldades.

Em primeiro lugar, uma sentença obtida contra uma pessoa domiciliada no exterior da comunidade será reconhecida mesmo que a competência do tribunal que a proferiu tenha sido estabelecida com base em regras perfeitamente exorbitantes, proibidas no interior da Comunidade, o que pode levantar dificuldades. A assinalar que o demandado, domiciliado num país terceiro, pode perfeitamente ser um nacional de um Estado--membro. Aliás, sendo o domicílio um elemento que pode mudar a qualquer momento nada impede que uma acção seja intentada contra uma pessoa domiciliada num país terceiro (é este o momento que determina a com-petência do tribunal) e que essa pessoa se venha a instalar, no decurso do processo, num dos Estados-Membros.

Em segundo lugar, a falta de regras comuns relativas a acções contra pessoas domiciliadas em países terceiros pode provocar grave prejuízo à aplicação do próprio direito comunitário. O direito comunitário estabelece certas regras imperativas de protecção do consumidor, do agente comercial, da vítima de um produto defeituoso, etc. Ora como garantir a aplicação dessas regras de protecção sem o estabelecimento, em paralelo, de regras que garantam a competência dos tribunais dos Estados-membros? Como é que o agente comercial vai fazer valer os seus direitos a uma indemnização por ruptura contratual, conformemente à directiva europeia, se a sua contraparte é domiciliada fora da comunidade? Como é que um consumidor, vítima de uma cláusula contratual abusiva, poderá fazer valer os direitos face a um vendedor extra-comunitário? A resposta variará segundo cada Estado-Membro, isto é, a possibilidade de dar ou não efeito ao direito comunitário está dependente da legislação nacional!

Outro dos "defeitos" intrínsecos do regulamento "Bruxelas I" tem a ver com mais uma das heranças da Convenção de 1968. Essa Convenção tinha sido concebida como uma Convenção quadro, que se aplicava na ausência de toda e qualquer outra Convenção mais específica. Na realidade, todos os Estados-Membros, ligados pela Convenção de Bruxelas, estavam autorizados a derrogar ao regime comum através de Convenções sobre "matérias particulares" que podiam negociar entre eles ou com países terceiros. Esta possibilidade deixou, claro está, de existir com a adopção do Regulamento. Conformemente à jurisprudência sobre as competências externas da Comunidade, apenas esta tem competência para negociar acordos futuros que possam afectar o Regulamento. Contudo, o Regulamento deixou inalterados os acordos existentes pelo que, em diversos domínios, as regras do Regulamento se aplicam de modo pouco uniforme, e outras regras, diferentes e que variam segundo os Estados--Membros em causa, vêm aplicar-se em vez das regras comuns, provocando um mosaico jurídico pouco compatível com um verdadeiro espaço judiciário europeu.

O Regulamento «Bruxelas II» adoptado em 2000 nasceu também da transformação em Regulamento de uma Convenção negociada entre os Estados-membros. A insuficiência do regime estabelecido em matéria de decisões relativas ao poder paternal era tão gritante que a revisão do regulamento começou quase imediatamente após a adopção do mesmo. Por motivos ligados à prioridade dada a estas matérias não foi possível rever ao mesmo tempo as regras relativas à competência em matéria de divórcio, e o Regulamento n.º 2201/2003 que, aquando da sua entrada em vigor em 2005, revogará e substituirá o regulamento n.º 1347/2000, deixou inalteradas estas regras.

Contudo, a nosso ver, as regras que estabelecem a competência dos tribunais não são inteiramente satisfatórias e, associadas a uma falta de harmonização das regras de conflitos de leis, podem provocar situações muito difíceis para os cidadãos comunitários.

O regulamento padece, claro está, do mesmo "defeito" que assinalámos ao Regulamento "Bruxelas I": harmonização incompleta das regras de competência e falta de paralelismo entre as regras de competência e as regras de reconhecimento de sentenças. Mas, para além disso, ele consagra uma profusão de foros alternativos o que, associado a uma regra rígida em matéria de litispendência (o tribunal perante o qual a acção foi proposta em primeiro lugar é competente e todos os outros devem recusar a acção) pode exacerbar os conflitos e convidar a uma "corrida ao tribunal" no caso dos divórcios litigiosos, pouco propícia a uma resolução amigável dos litígios. A rigidez das regras de competência e de litispendência (sem qualquer possibilidade, por exemplo, de escolha do tribunal competente pelas partes ou de transferência do processo entre tribunais), associada à falta de harmonização das regras de conflitos que determinam a lei aplicável ao divórcio, pode também provocar efeitos muito contrários às expectativas legítimas dos cidadãos europeus.

Avaliar, corrigir, completar e aperfeiçoar os instrumentos existentes parece-nos assim ser uma tarefa da maior importância, a par do desenvolvimento de novas iniciativas e, claro está, do investimento necessário nos mecanismos permitindo optimizar a aplicação prática do "acervo comunitário".

Problemas de base jurídica ou de ambição?

O espaço disponível e o tema desde artigo não se compadecem com uma análise profunda dos diversos argumentos jurídicos apresentados aquando das inúmeras discussões relativas a questões atinentes à base jurídica das propostas legislativas da Comissão, nem com um exercício exegético dos textos pertinentes do Tratado. Não podemos contudo de deixar de nos referir brevemente a esta questão. Ao leitor compete responder à pergunta contida na epígrafe.

O artigo 65.º do Tratado CE indica que "as medidas no domínio da cooperação judiciária em matéria civil que tenham uma incidência transfronteiriça, a adoptar nos termos do artigo 67.° e na medida do necessário ao bom funcionamento do mercado interno, terão por objectivo, nomeadamente [...]", e segue-se uma lista de exemplos de medidas. Com base no articulado deste artigo têm-se desenvolvido no Conselho uma interpretação restritiva do que parecem ser dois requisitos para o exercício da competência comunitária: a "incidência transfronteiriça" e o carácter de necessidade "ao bom funcionamento do mercado interno".

O último requisito levantou dúvidas em 2000 sobre a existência de base jurídica para a adopção do regulamento "Bruxelas II" em matéria familiar. Essas dúvidas foram contudo afastadas e, até agora, uma interpretação bastante lata desta expressão foi aceite pelo Conselho. Contudo, as dúvidas ressurgiram recentemente a propósito da proposta de Regulamento "Roma II", sobre a lei aplicável às obrigações não contratuais. Segundo certas vozes, o requisito "mercado interno" faria obstáculo a que o Regulamento Roma II fosse adoptado com um carácter universal, como é usual nas normas internacionais que harmonizam as regras de conflito de leis (e como é o caso na Convenção de Roma ("Roma I") de 1980 relativa à lei aplicável às obrigações contratuais). A vingar uma tal tese, que nos parece infundada, o regulamento Roma II, tal como o regulamento "Roma I" que deverá um dia substituir a Convenção de Roma, deveria deixar fora do seu âmbito de aplicação as situações que não teriam uma ligação suficiente com o mercado único! Resta determinar que tipos de situações seriam estas, resposta difícil de obter da parte dos defensores dessa tese. Esperemos que vingue o bom senso, e que a harmonização a nível da Comunidade das normas de conflitos de leis não seja feita de modo incompleto, e em recuo em relação à situação já existente (Convenção de Roma). De todo o modo, a futura Constituição Europeia vem eliminar a necessidade do requisito do "mercado interno", deixando-o subsistir no texto apenas como um mero exemplo.

Mais sérias são as objecções relativas à questão da "incidência transfronteiriça", que já provocaram resultados concretos em relação à directiva sobre o apoio judiciário (contrariamente à proposta da Comissão, apoiada pelo Comité Económico e Social e pelo Parlamento Europeu – que antes da entrada em vigor do Tratado de Nice era apenas consultado, sem poderes de decisão – a directiva só se aplica aos pedidos de apoio judiciário relativos a processos a correr num país que não seja o da residência do requerente) e são constantemente levantadas nas negociações em curso. A tese defendida parte de uma interpretação extremamente restritiva do texto do Tratado, que nos parece ser abusiva, pela qual se pretende que legislação comunitária no âmbito da cooperação judicial civil deve ter um âmbito limitado aos "litígios transfronteiriços". Uma tal tese, a ser aceite, nomeadamente em relação ao projecto em curso de Regulamento sobre uma injunção de pagamento europeia, e em relação aos projectos futuros relativos ao processo simplificado para os pequenos litígios e à directiva-quadro sobre a mediação, provocará prejuízos irreparáveis à construção do Espaço europeu de justiça civil, e inviabilizará, a termo, toda a possibilidade de adoptar padrões mínimos relativos às garantias processuais que parecem ser um requisito indispensável à realização plena do princípio do reconhecimento mútuo.

Tomando como exemplo a proposta da Comissão relativa a um regulamento sobre a injunção de pagamento, a questão equaciona-se do seguinte modo: a Comissão propôs um regulamento que institui um procedimento simplificado para obter um julgamento condenando um devedor ao pagamento de uma soma quando não há contestação por parte desse devedor. Vários Estados-membros criaram já procedimentos com o mesmo fim. No respeito dos direitos nacionais existentes, a Comissão propõe a criação de um processo autónomo que poderá ser usado pelos credores se eles o desejam. Os credores teriam assim à sua escolha o uso dos processos nacionais existentes ou do processo criado pelo regulamento europeu. Ora, a tendência actual no Conselho de Ministros, com base nos argumentos relativos à base jurídica, é de restringir esse regulamento aos chamados "litígios transfronteiriços". Sem entrar na discussão relativa ao significado desta expressão, para simplificar diríamos que a ideia seria nomeadamente de proibir o uso do "processo europeu" quando o credor e o devedor seriam residentes no mesmo Estado-membro! Como explicar aos credores residentes no Estado A que, por exemplo, não conhece nenhum processo simplificado nesta área, que os seus concorrentes dos outros Estados-membros podem utilizar um processo rápido para realização de pagamentos contra devedores comuns no Estado A, mas que esse processo lhes está vedado?

Como a Comissão declarou na sua comunicação sobre o balanço do programa de Tampere e futuras orientações, conviria "evitar que em cada Estado-Membro sejam criados dois regimes jurídicos distintos, um relativo aos litígios com incidência transfronteiriça e outro relativo aos litígios meramente internos". E a Comissão precisou nesse documento que "tal dualidade de regimes correria o risco de, a prazo, se tornar incoerente com o objectivo de um espaço único de justiça para todos e poderia suscitar questões de discriminação; além disso, poderia complicar a legislação em detrimento da transparência de que tanto necessitam os cidadãos, os profissionais e as empresas".

E na realidade, apenas uma leitura muito redutora do Tratado nos pode levar a substituir a referência a "medidas no domínio da cooperação judiciária em matéria civil que tenham uma incidência transfronteiriça", pela referência a "litígios transfronteiriços". E além do mais, o que são "litígios transfronteiriços" numa Europa integrada, num mercado único onde as pessoas, os bens, os serviços e os capitais circulam livremente? As partes podem mudar de domicílio a qualquer momento de um processo: um processo começado entre partes situadas em diferentes Estados-membros pode terminar-se entre partes residentes no mesmo Estado-membro e vice-versa. E quem pode prever no momento da instauração da acção onde é que o julgamento deverá ser executado, quando os bens se movimentam livremente e se podem transferir saldos de contas bancárias com um simples clic?

A "exigência transfronteiriça" é aliás longe de ser clara no Tratado. Nalgumas versões linguísticas como o francês, a expressão refere-se "às matérias", noutras versões como o português, às "medidas" e noutras, como o inglês, o sentido não é claro. O texto do projecto de Constituição Europeia vem contudo claramente ligar a expressão "incidências transfronteiras" às matérias e não às medidas. Ora, a interpretação restritiva que defende que uma medida para ter uma incidência transfronteira deve ser limitada aos litígios transfronteiriços (raciocínio aliás pouco rigoroso do ponto de vista lógico) é baseada na leitura do Tratado que liga o qualificativo "transfronteiriço" ao substantivo "medida". Com efeito, o texto da futura Constituição diz-nos assim que a União "facilita o acesso à justiça [...]" (artigo III-158) e "desenvolve uma cooperação judiciária nas matérias civis com incidência transfronteiras [...]" (artigo III-170). Por outro lado, a futura Constituição considera que as medidas a tomar devem ser destinadas a assegurar, nomeadamente, "um nível elevado de acesso à justiça" e "a boa tramitação dos processos cíveis".

Parece-nos assim que a referência a "matérias com incidências transfronteiras" deve ser vista como um reafirmar do princípio segundo o qual o desenvolvimento do espaço judiciário europeu não deve ter por objectivo substituir as políticas de justiça nacionais por uma política europeia e deve ser feito no pleno respeito dos princípios da proporcionalidade e da subsidiariedade.

Conclusão

Finalmente, a construção de um Espaço europeu de justiça civil passa também, a nosso ver, pelo desenvolvimento de uma verdadeira política externa neste domínio. Um só exemplo para ilustração: o reconhecimento de sentenças de países terceiros. Quem poderá hoje considerar que esta é uma matéria estrangeira ao espaço europeu? Numa Europa integrada, o reconhecimento de uma sentença de um país terceiro não pode ser vista como uma questão bilateral entre o país terceiro e o Estado-Membro no qual o reconhecimento ou a execução são pedidos: por um lado, pode ter como efeito de impedir o reconhecimento de uma sentença contraditória proveniente de um outro Estado-membro, e por outro pode afectar empresas sedeadas ou cidadãos domiciliados noutros Estados-membros.

Uma última palavra em guisa de conclusão. O espaço europeu em matéria de justiça civil é um projecto para as próximas décadas. Ele exige muito trabalho e dedicação, mas ele exige sobretudo ambição e coragem para que não nos demos por satisfeitos com "meias medidas", instrumentos com títulos ronronantes mas imperfeitos, que realizariam em teoria os objectivos fixados mas seriam fonte de desilusão para as empresas e para os cidadãos europeus. Queremos acreditar que a Europa saberá tomar em mãos esse desafio.

JURISDICTION AND JUDGMENTS: THE ENGLISH POINT OF VIEW[*]

Trevor C. Hartley, London[**]

Communitarization involves replacing national law with Community law. In practice, this always requires legislation or a convention. I want to consider the process with regard to one particular area – private international law – and with regard to one particular topic within that area: jurisdiction and judgments. I will look at it from the English point of view.

The Common Law

The Continental systems of law – with the possible exception of Scandinavia – have much in common. England, on the other hand, is different. Together with Ireland, the United States and many Commonwealth countries, it is the home of the common law, a system that has distinctive features which set it apart from the Continental systems of the civil law.[1]

The distinctiveness of the common law derives not so much from legal principles as from its underlying attitude. This is the product of his-

---

[*] Copyright © Trevor C Hartley 2004.
[**] London School of Economics.
[1] For brief and elementary discussions on the common law, see New York University Law School (Alan B Morrison), *Fundamentals of American Law*, (Oxford University Press, Oxford, England, 2000), Chapter 1; K Zweigert and H Kötz, *An Introduction to Comparative Law* (3rd ed. (English edition translated by Tony Weir), Clarendon Press, Oxford, England, 1998), Part III; René David and John E C Brierley, *Major Legal Systems in the World Today* (Stevens, London 1968), Part III.

tory. For many centuries, legal education was in the hands of the legal profession, not the universities. The judiciary is not regarded as a branch of the civil service. Being a judge is not a career, but the culmination of a career of some other kind, almost always at the Bar. This means that the common law is practice-driven, not theory-driven. Most common law countries have no code. The law is based on precedent. The question a court asks itself is not: "Is this in accordance with legal theory?" but: "Will it work?"

Not only does the common law avoid grand theory: it also concerns itself with what actually happens in real life. It regards justice in the individual case and practical requirements as more important than abstract legal doctrine. It demands that problems be honestly faced, even if that is uncomfortable for some.

For the common law countries, Communitarization means that all this has to change. The judge-made system of our law is replaced by a code, a code drawn up by professors and officials, who have probably had little experience of legal practice. Such codes are all too often based on an abstract, theoretical approach that tries to foresee all problems and provide an answer in advance. It is interpreted, in the last resort, by a court composed mainly of former officials and professors, individuals who seem more concerned with the interests of the Community and its Member States than with either individual justice or legal (or commercial) practicalities.

All this has dismayed many English lawyers.[2]

The Brussels Convention/Regulation

The Brussels Convention, the forerunner of the Brussels Regulation,[3] was drawn up by a group of jurists, mainly officials and academics.

---

[2] See, for example, the anguished response of Adrian Briggs to *Turner v. Grovit*, Case C-159/02, European Court of Justice, 27 April 2004, in (2004) 120 Law Quarterly Review 529; see also the more restrained, but no less heartfelt, comments of Lord Justice Mance on *Gasser*, Case C-116/02, European Court of Justice, 9 December 2003, *ibid.* at p. 357. Adrian Briggs is a leading academic in the field of private international law and Lord Justice Mance is a senior judge. The *Law Quarterly Review* is the most influential law journal in Britain.

[3] Regulation 44/2001, OJ 2001 L12/1, also known as "Brussels I".

It tries to be systematic, using abstract concepts and providing a solution for all problems. As a system it is far in advance of anything similar in the common-law world, such as the United Kingdom's Foreign Judgments (Reciprocal Enforcement) Act 1933, or the US Uniform Foreign Money--Judgments Recognition Act.[4]

However, just because it tries to constitute a complete system, it can give rise to problems. I would like to take the example of choice-of-court agreements (also called "jurisdiction agreements" or "forum-selection clauses"). Along with arbitration agreements, these are one of the most important jurisdictional devices of the Twentieth Century. They enable businessmen (and others) to plan where litigation will take place and, subject to distortions caused by inequalities of bargaining power, to ensure that the chosen court is fair and convenient for both parties.

Choice-of-court agreements

The attitude of the Brussels Convention/Regulation towards choice-of-court agreements is, at first sight, admirable. They are largely excluded in specified cases where there is likely to be inequality of bargaining power,[5] or where there are strong policy reasons why particular courts should have exclusive jurisdiction.[6] Otherwise, they are enforced, provided they comply with certain formal requirements. Unless the parties agree to the contrary, the court chosen has exclusive jurisdiction. In theory, this seems the ideal approach.

In practice, however, the position is different. This is because of certain other rules in the Brussels Convention/Regulation. The one I would like to consider is the *lis pendens* rule, under which the court first seised of a case gets to hear it, and all other courts must decline jurisdiction.[7] Thus, if two parties conclude a choice-of-court agreement under which the

---

[4] This is not federal US legislation. It is a proposal from the National Conference of Commissions on Uniform State Laws for uniform state legislation. It has been adopted in more than half the states, though not always in exactly the same form.

[5] Insurance contracts, consumer contracts and contracts of employment: see Art. 23(5) of the Brussels Regulation.

[6] The rules in the Brussels Regulation on exclusive jurisdiction (Art. 22) prevail over the rules on choice-of-court agreements: see Art. 23(5).

[7] Brussels Regulation, Art. 27.

courts of State X have exclusive jurisdiction, one party can thwart this by going to the courts of State Y and bringing proceedings there. If the courts of State Y are seised first, those of State X are precluded from hearing the case.

Now, the answer given by the advocates of Communitarization is that the courts of State Y should decline jurisdiction once they realize that there is a valid choice-of-court agreement in favour of the courts of State X. If they do this, the courts of State X can then hear the case.

This is the theory. In practice, things are different. This is because, by violating the choice-of-court agreement and suing in State Y, a party can gain important advantages. First, the validity of the choice-of-court agreement will be decided by the courts of State Y, rather than by those of State X. They may hold it invalid, when those of State X would have held it valid. If this happens, the courts of State Y will not decline jurisdiction, and those of State X will never be able to hear the case.

A second advantage is that the question whether the choice-of-court agreement covers the case in question will be decided by the courts of State Y, rather than by those of State X. Assume, for example, that the Athens branch of an American bank enters into a loan agreement with a number of Greek borrowers. The loan agreement contains a choice-of--court clause in favour of the courts of England and a choice-of-law clause in favour of English law. The borrowers default. Before the bank can bring proceedings in England to enforce the agreement, the borrowers sue the bank in tort in Greece. The borrowers claim that, by demanding repayment when they (the borrowers) were financially embarrassed, the bank is liable in tort under Greek law. Is such a claim covered by the choice-of-court clause, the construction of which is, under the contract, governed by English law? By suing in Greece, the borrowers ensure that this important question is decided by the Greek courts, rather than by the English ones. The English courts would probably hold that the tort action was covered by the choice-of-court clause;[8] it is far from certain that the Greek courts would do so.[9]

---

[8] See *Continental Bank v. Aeakos Compania Naviera* [1994] 1 Lloyd's Rep. 505; [1994] 1 WLR 588 (Court of Appeal, England), which provided the inspiration for the example in the text. In that case, the English court *did* hear case, though it is now clear that this was a violation of the Brussels Convention.

[9] In the *Continental Bank* case, the Greek courts showed no sign of declining jurisdiction.

Another problem is the rule in the Brussels Convention/Regulation that EU States must recognize judgments from other EU States even if the court that granted the judgment did not have jurisdiction.[10] There are certain exceptions to this general rule,[11] but the fact that the judgment was given in contravention of a choice-of-court agreement is not one of them. This means that if a party to a choice-of-court agreement brings proceedings in a State other than that of the chosen court, any judgment that results must be recognized by all other EU States, including that of the chosen court.

So we can see that in practice choice-of-court agreements are not as well treated as we thought. A cynical litigant can gain considerable advantages from violating them, especially if he does so by bringing proceedings in a sympathetic court.

The Italian torpedo

Many of these problems have come to a head with regard to the device known to intellectual-property lawyers as the "Italian torpedo".

The Italian court system seems to have partially collapsed. Cases take an extremely long time to be heard, so long, in fact, that the resulting delay constitutes an infringement of human rights. As is well known, Article 6 of the European Convention on Human Rights states that everyone has the right to a fair trial within a reasonable time. The delays in the Italian court system have been held by the European Court of Human Rights to constitute a violation of this right. By 1999, Italy had been condemned by the European Court of Human Rights in over 65 judgments, and by the European Commission of Human Rights in over 1,400 reports, for violating this right.[12] In fact, there are more cases against Italy on this one issue

---

[10] See Chapter III of the Brussels Regulation.

[11] See Arts 34 and 35.

[12] See the judgment of the European Court of Human Rights in *Ferrari v. Italy*, 28 July 1999, available on www.echr.coe.int/hudoc. According to the Human Rights Court, such breaches "reflect a continuing situation that has not yet been remedied": *ibid.* at p. 5 (para. 21).

than the combined total of all cases against all other States on all other issues.[13]

Not only does it take a long time to obtain a ruling on the substance; it even takes a long time to obtain a ruling on the question whether the Italian courts have jurisdiction. The case of *Trasporti Castelletti v. Trumpy*[14] provides an example. In this case it took ten years to decide whether a perfectly ordinary choice-of-court clause in a perfectly ordinary bill of lading deprived the Italian courts of jurisdiction.[15]

Now, they say that every cloud has a silver lining. So an Italian *avvocato*, Mr Franzosi, wrote an article in English in the *European Intellectual Property Review*, explaining to foreign intellectual-property lawyers how they could benefit from the defects of the Italian judicial system.[16] Assume that someone makes an invention and patents it in all European countries. You want to infringe that patent. All you have to do is to go to Italy and bring an action for a declaration of non-liability before the Italian courts. This action may fail in the end, but it will take years to decide. Meanwhile the *lis pendens* rule laid down in the Brussels Regulation will prevent the patent-holder from suing you anywhere else in the European Union for an infringement of the patent. You should then enjoy years of trouble-free infringement. Mr Franzosi called this device the "Italian torpedo". He said that it can be used even if the Italian courts have no jurisdiction: it will take years to decide even this issue.

The *Gasser* case

How does this affect choice-of-court agreements? The answer is simple. Say A and B conclude a choice-of-court agreement in favour of the courts of an EC State – for example, Austria. If B wants to defeat it, he just has to go to Italy and sue there first. Then the Austrian courts will be

---

[13] In the year 2000, for example, the majority of judgments delivered by the ECtHR (375 out of 695) were in cases brought against Italy resulting from the inability of the Italian judicial system to give a remedy within a reasonable time.

[14] Case C-159/97, [1999] ECR I-1597.

[15] Only eight years of this period were the fault of the Italian courts. The remaining two years were taken up with a reference to the European Court of Justice, an institution that is itself not renowned for the speedy disposition of cases.

[16] Franzosi, "Worldwide Patent Litigation and the Italian Torpedo" [1977] 7 EIPRev. 382.

precluded from hearing the case for as long as it takes the Italian courts to decide that they have no jurisdiction. It could be quite a few years.

This happened recently in the *Gasser* case.[17] In that case, the Austrian court made a reference to the European Court asking it whether it was obliged to stay the proceedings. The United Kingdom presented observations to the court. It argued, first, that the chosen court ought to have the right to decide whether the choice-of-court agreement is valid and, if it is, it should not be obliged to decline jurisdiction when a party wrongfully sues in another court. This was rejected by the European Court, which decided that the court seised (the Italian court) must decide on the validity of the clause.

The second argument advanced by the United Kingdom was that the *lis pendens* rule should not apply when the other action is brought in bad faith by a litigant who deliberately chooses a country in which proceedings are notoriously slow. It claimed that otherwise a violation of Article 6 of the European Convention on Human Rights might occur. The European Court rejected this argument as well. It simply said that courts must trust one another.

This case highlights the values and attitudes of the European Court. The Italian torpedo is a serious and very real problem. The European Court's solution to it is simply to pretend that it does not exist. It says that courts must trust one another when the vast horde of cases in the European Court of Human Rights shows that the Italian courts cannot act quickly enough to satisfy the requirements of the European Convention on Human Rights. This is not the fault of individual judges. The system makes it impossible for them to do so.

Conclusions

This case – and it is not the only one that could be mentioned – shows why lawyers in England are worried by the effect that Communitarization has had in this area of the law.[18] In important respects, it has made

---

[17] *Gasser GbmH v. MISRAT Srl*, Case C-116/02, European Court of Justice, 9 December 2003 (Full Court).

[18] For another case, see *Turner v. Grovit*, Case C-159/02, European Court of Justice, 27 April 2004 (also a decision of the Full Court). In this case, a powerful

the position worse than it would have been if these matters had remained within the competence of the Member States. This is due to the European Court's unwillingness to face problems honestly and to give due consideration to practical realities and the requirements of justice in individual cases.

---

and unscrupulous litigant was able – thanks to the European Court – to use the Brussels Convention to oppress a weak and honest opponent.

CHOICE-OF-LAW CLAUSES IN INTERNATIONAL CONTRACTS: SOME THOUGHTS ON THE REFORM OF ART. 3 OF THE ROME CONVENTION*

ERIK JAYME, Heidelberg[1]

I INTRODUCTION

1) The Green Paper

The European Commissions Green Paper on the conversion of the Rome Convention of 1980 on the law applicable to contractual obligations into a Community Instrument and its modernization includes two questions concerning the principle of party autonomy in international contracts.[2] Question no. 8 addresses the reach of the freedom of choice: Should the parties be allowed to directly choose an international convention, or even general principles of law? Usually, in this context the parties choice of the UNIDROIT principles or the Lando Principles of European Contracts Llaw comes to ones mind[3]. However, in a decision of this year,

---

* The author is indebted to Mr. Matthias Weller Mag.rer.publ., for linguistic help.
[1] Ruprecht-Karls-Universität Heidelberg.
[2] See Erik Jayme, Die Vergemeinschaftung des Europäischen Vertragsübereinkommens (Rom I), in: Gerte Reichelt – Walter H. Rechtberger (eds.), Europäisches Kollisionsrecht, Wien 2004, p. 3 s.; Max Planck Institute for Foreign Private und Private International Law, Comments on the European Commission's Green Paper on the conversion of the Rome Convention of 1980 on the law applicable to contractual obligations into a Community instrument and its modernization, RabelsZ 68 (2004), p. 1 s.
[3] Rolf Herber, Lex mercatoria and Principles - gefährliche Irrlichter im internationalen Kaufrecht, IHR 3(2003), p. 1 s.

the English Court of Appeal was confronted with a new facet of this problem which is the question, whether a choice-of-law clause may include the principles of The Glorious Sharia[4], i.e. the principles of Islamic law.

In addition, question no.9 of the Green paper focuses on the implied choice of law, and I quote: Do you think that a future Rome I instrument should contain more precise information regarding the definition of a tacit choice of applicable law or would conferring jurisdiction on the Court of Justice suffice to ensure certainty as to the law? The question concerns mainly the differences of article 3 of the Rome Convention in the various languages of the Member States. In Portugal the choice of the applicable law must result de modo inequivoco from the contract or its circumstances; the German text requires only a sufficient certainty (mit hinreichender Sicherheit). These textual divergences provoke the question whether the different versions jeopardize the uniform interpretation of article 3 in a way inconsistent with the aim of the convention to enhance uniformity of decisions.

2) Form and formalities of choice-of-law clauses

The two questions mentioned in the Green Paper deserve careful analysis. It is, however, interesting to see that no other questions concerning choice-of-law clauses have been raised by the Commission, for example, questions relating to the formation and the validity of the choice-of-law-clauses themselves. Here, the structure of the Rome Convention is not easy to understand, because it uses different techniques. On the one hand, the Convention contains decision-making rules (Entscheidungsnormen[5]) on the formal requirements by which the choice of the law governing the contract has to be expressed. On the other hand, the formation and the validity of the clauses are subject to the law applicable according to articles 8, 9, and 11 of the Rome Convention. The rules laid down in article 9 concern the formal validity. It seems contradictory to provide for a special substantive rule prescribing the way how the choice should be expressed, and, in addition, a conflicts rule concerning form requirements.

---

[4] Shamil Bank of Bahrain EC v. Beximco Pharmaceuticals Ltd. and Others, The Times Law Reports, Feb. 3, 2004, p. 71.

[5] See Peter Stankewitsch, Entscheidungsnormen im IPR als Wirksamkeitsvoraussetzungen der Rechtswahl, Frankfurt am Main 2003.

3) Formation

As far as the formation of the choice-of-law-agreement is concerned, article 8 provides for the relevant conflicts rule according to which the law applies which would govern the contract if it were valid.

To give an example from German case-law[6]: A German party contested the validity of a choice-of-law clause contained in the general terms and conditions introduced into the contract by the other party, a Sri Lanka corporation, according to which Sri Lanka law was to be the lex contractus. Since the terms were printed on the backside of the contract and were, according to the German party, not readable, the German party relied on German law that in such cases eventually considers the terms not to be part of the contract. However, the German Federal Court decided that Sri Lanka law was applicable to the question of the formation of an agreement, because this law would have been the lex contractus, had the agreement been valid. To be sure, the other party may object under article 8 (2) that, according to German law, the facts in the case at hand would not amount to a valid consent to the general terms and conditions of the contract.[7] The entire article is, however, open to criticism because it favours a unilateral choice and does not take into account the specific problems of general conditions of contracts. It might also be interesting to compare the conflicts rules on choice-of-law-clauses with those concerning choice--of-court clauses in article 23 of the Brussels I – Regulation.

4) Four questions:

So we deal with four questions:

(1) Should the parties be allowed to choose not only the law of a State, but also international conventions and general principles of law?
(2) Should the rules on the implied choice be changed?
(3) Should there be a reform of the rules concerning the formal requirements of choice-of-law agreements?

---

[6] BGH, Dec. 15, 1986, IPRax 1988, p. 26; see Jürgen Basedow, Das Statut der Gerichtsstandsvereinbarung nach der IPR-Reform, IPRax 1988, p. 15 s.

[7] See Dário Moura Vicente, A formação dos contratos internacionais, Cadernos de Direito Privado n.º 3 Julho/Septembro 2003, p. 3 s., p. 10.

(4) The last question regards the submission of the formation of the choice-of-law-agreement to the hypothetical lex contractus, i.e. the law which would have been applicable had the clause been valid. Should there be a modification of the approach to the law applicable to the formation of the choice-of-law agreement?

II CHOICE OF GENERAL PRINCIPLES

It is clear, at the outset, that the parties may choose general principles of law which may become part of the contract if the applicable national law allows such incorporation. In German doctrine, one speaks of materiellrechtliche Verweisung[8], i.e. the inclusion of substantive law into the framework of the contract. The already mentioned recent English decision which concerns principles of Islamic law, is based on the assumption that incorporation is the only means by which such principles may be brought into operation by the parties. In the case of the Sharia the Court of Appeal points out:

The doctrine of incorporation could only sensibly operate where the parties had by the terms of their contract sufficiently identified specific black letter provisions of a foreign law or an international code or set of rules apt to be incorporated as terms of the relevant contract.

And further:

The general reference to principles of Sharia afforded no reference to, or identification of those aspects of Sharia law which were intended to be incorporated into the contract, let alone the terms in which they were framed.

In the case of the Lando principles of European contract law or the UNIDROIT principles it might be otherwise, because the problems identified by the English court in respect to the principles of Islamic law do not come up in comparable intensity, but, nevertheless, the question arises whether the parties could choose such principles without any other reference to a national system of law in the sense of a stateless contract law. The answers vary according to the general views of the respective authors. There are also intermediate positions[9]: some general principles of law may be chosen, others are not admitted depending on whether an indepen-

---

[8] Kegel/Schurig, Internationales Privatrecht, 9. Aufl. 2004, p. 654 s.
[9] Max-Planck-Institute, supra note 2, p. 33.

dent body has created such principles, a line of distinction which is not easily to be drawn.

My view is: On the one hand, such principles might be suitable to the parties. In particular, religious principles may increase the acceptability of certain stipulations in a contract for parties from countries where such principles determine the character of the whole system of law.

General principles of law bring about, on the other hand, one disadvantage: the lack of keeping up with new developments. For example, one German author, Professor Peter Ulmer, critizes the Lando Principles of European Contract Law as not being as precise and efficient as the latest community law in protecting the parties against unfair terms in contracts.[10] In addition, party autonomy is restricted, in several provisions of the Rome Convention, by mandatory rules. In my view, the incorporation doctrine provides for a suitable and efficient opportunity to choose general principles of law in order to substantiate the content of the contract. The new regulation should not go further by introducing stateless contracts. The solution might be different for arbitration.

The same is true for the parties choice of international conventions not in force in the country of the lex contractus. It appears to be sufficient to apply the incorporation doctrine.

III IMPLIED CHOICE

If we look at the questions of implied choice, we may note that German practice is particularly rich in case law on this point, while, in other countries, a tacit choice of the lex contractus is rare.

The German text of art. 3 first paragraph second phrase, of the Rome Convention, requires a sufficient certainty for a tacit choice of the applicable law. Such certainty may be inferred from the contract itself or the circumstances of the case at hand, while the French version of the same article uses the words de façon certaine and, therefore, is stricter. The German version encourages the courts to make up a choice of the applicable law by substituting the parties choice by the judges' ideas. To give some examples:

---

[10] Peter Ulmer, Die Lando principles und das AGB-Recht, Festschrift Tilmann, 2003, p. 1001 s.

The decision of the Federal Court of Dec. 7, 2000[11] involved a German plaintiff and a Norwegian defendant, an architect domiciled in Norway. According to the contract, the architect had to plan and to supervise the construction of houses in Germany, and the question arose which law should apply to the contract. The court decided that German law governed the contract by way of the parties tacit choice. Since the general construction contract was subject to German law, the commercially close connection of that contract with the architects contract in question was held to be a sufficient circumstance for an implied choice of German law. It may be mentioned that the applicability of German law with regard to the construction contract was also based on a tacit choice of German law.[12] In another case, the Federal Court resorted to the general rules of the German Civil Code on the interpretation and construction of contracts (133, 157 BGB) in order to determine whether there was a tacit choice of the applicable law.[13] This practice recalls the traditional German conflicts rule for the law applicable to contractual obligations which was based on the hypothetical choice of the parties deduced from objective circumstances and assumed party expectations.

In my view, the different versions of article 3 of the Rome Convention should be harmonized in the sense that the tacit choice of the applicable law should - in clear and brief words - require certainty. In the German version the word sufficient should be left out. Party autonomy should be strengthened. In doubtful cases, the objective test of the habitual residence of the party who is to effect the characterictic performance should not be weakened by judge-made tacit agreements.

IV FORMAL REQUIREMENTS

We have already touched the problem of which formal requirements choice-of-law clauses must conform with.

To give an example from German day-to-day practice. Two German parties stipulated a contract by which real property situated in Spain was

---

[11] NJW 2001, p. 1936. The main question concerned the jurisdiction of the German courts based on the place of performance of the contractual obligation in question according to art. 5 no. 1 of the Lugano Convention.

[12] See also BGH, April 10, 2003, NJW 2003, p. 2605.

[13] BGH, Jan., 1st, 2000; IPRax 2002, p. 30.

to be transferred from the vendor to the buyer for a certain price. The contract made in written form in Germany, included a penalty clause for breach of the obligation to pay the price. Further, the contract contained a choice-of-law clause according to which Spanish law should govern the contract. The buyer paid a part of the price but later asked for restitution of that part alleging that the contract was invalid for non-compliance with the formal requirements under German law because contracts aiming at the transfer of real property require a notarial act. The vendor relied on the choice-of-law clause pointing at Spanish law, the buyer, however, argued that this clause was also invalid because it again did not comply with the formal requirements.

According to art. 3 first paragraph second phrase of the Rome Convention, the choice of Spanish law was valid because it was expressed in the contract. The question arose, however, whether the reference made by art. 3 paragraph 4 to article 9 of the Rome Convention requires further consideration.

The conflicts rules laid down in article 9 (1) adressing formal requirements reads as follows:

A contract concluded between persons who are in the same country is formally valid if it satisfies the formal requirements of the law which governs it under this Convention or of the country where it is concluded.

The reference to this article in article 3 last paragraph of the Rome Convention presupposes that there might be substantive rules on formal requirements for choice-of-law-clauses outside the Convention. In the case mentioned Spanish law as the lex contractus or German law as the loci actus had to be considered. In both legal systems choice-of-law clauses are not subject to the formal requirements of the contract which includes such clauses.[14] The validity of the choice-of-law agreement does not depend on compliance with the formal requirements of the main contract. Consequently, there are no such requirements outside the Convention. The very aim of choice-of-law clauses is their operation in situations where the parties disagree upon the existence and the content of the contract. Thus, the reference to article 9 is meaningless and provokes unneccessary litigation. In addition, the member States should not be free to introduce additional formal requirements which are not in accordance with article 3 first paragraph second phrase of the Rome Convention.

---

[14] For German law see Kegel/Schurig, op. cit., p. 657.

V FORMATION

Article 3 last paragraph contains also a reference to article 8 of the Rome Convention which rules upon the material validity.

According to article 8 first paragraph the existence and validity of a contracts, or of any term of a contract, shall be determined by the law which would govern it under this convention if the contract or term were valid.

This article generates a unilateral choice by one party introducing a choice of law clause. If such a clause were valid, the law chosen by one party would govern the contract even though there is no agreement of the parties.[15] The inadequacy of the rule increases where both parties introduce their terms containing contradictory choice-of-law clauses. It is simply arbitrary to give preference to the party which first submitted the terms of contract. It seems more appropriate to resort to the law which, in the absence of the parties choice would govern the contract.

It is interesting to see that the formation of choice-of-court-clauses which raises similar problems, has found more specific solutions in article 23 of the European Brussels I Regulation no. 44/2001. Here, the various form requirements ensure that the choice of a court is based on a true agreement of the parties. The agreement conferring jurisdiction shall be in writing or evidenced in writing, or in form which accords with practices which the parties have established between themselves, or in international trade or commerce, in a form which accords with a usage of which the parties are or ought to have been aware and which in such trade or commerce is widely known to, and regularly observed by, parties in contracts of the type involved in the particular trade or commerce concerned.

Similarly specific rules are lacking with regard to choice-of-law clauses. There is no reason for such a difference between choice-of-court agreements and choice-of-law clauses. Both clauses usually appear in contract terms drafted in advance by the parties. The mere reference in the Rome Convention to the law which would have been applicable if the choice were valid, does not guarantee a true formation of the agreement capable of legitimizing the choice of law by the parties' consent. In my view, the rules for the agreement conferring jurisdiction contained in art. 23 of the Brussels I - Regulation could be a model for the reform of the provisions concerning the formation of choice-of-law clauses.

---

[15] See Frank Vischer / Lucius Huber / David Oser, Internationales Vertragsrecht, 2. Aufl., Bern 2000, p.85.

VI CONCLUSIONS

I would like to resume the answers to the four questions raised at the beginning, as follows:

1) The parties may choose general principles of law by incorporation into the contract as long as they are compatible with the lex contractus. The parties should not be allowed to directly choose general principles of law instead of the law of a State.
2) The rules on the implied choice of the governing law should be changed by harmonizing the textual differences. The choice of the applicable law should be deduced from the contract itself or from the circumstances with "certainty". The additional and softening words "sufficient", "reasonable" and the like, should be eliminated.
3) In my view, the reference to the conflicts rule in article 9 made by Art. 3 fourth paragraph of the Rome Convention for the form requirements should not be maintained. This reference is a source of misunderstanding and creates uncertainty.
4) The reference made by article 3 fourth paragraph to article 8, concerning the formation of the choice-of-law agreement, should be reconsidered. It favours an unjustified unilateral choice, and does not work in the case of a battle of forms. Art. 8 of the Rome Convention does not ensure that the choice of the applicable law is based on a true agreement of the parties.

A COMUNITARIZAÇÃO DO DIREITO INTERNACIONAL PRIVADO E O COMÉRCIO ELECTRÓNICO

DÁRIO MOURA VICENTE, Lisboa[*]

SUMÁRIO:

I. Objecto da exposição.
II. O novo regime português do comércio electrónico. Aspectos fundamentais.
III. O problema da lei aplicável. Sua relevância.
IV. O princípio da aplicabilidade da *lex originis*. Fundamento.
V. Relação com o princípio do reconhecimento mútuo.
VI. Limites à competência da *lex originis*. Os contratos celebrados por consumidores através de redes de comunicação electrónicas.
VII. Continuação: a competência da *lex destinationis*.

I. Objecto da exposição

1. A presente exposição centrar-se-á nos problemas suscitados pelo comércio electrónico em situações internacionais e na incidência que sobre este tem tido a chamada comunitarização do Direito Internacional Privado.

É um facto sobejamente conhecido que boa parte do comércio electrónico transcende as fronteiras de um único Estado: os bens e serviços

---

[*] Faculdade de Direito de Lisboa.

oferecidos através de redes de comunicação electrónicas encontram-se geralmente disponíveis, e são efectivamente prestados, em mais do que um país.

O comércio electrónico é, por isso, fonte de situações privadas internacionais da mais variada natureza.

Ora, a respeito delas pode perguntar-se – como a propósito das demais situações privadas internacionais – qual a lei que se lhes aplica.

É de alguns aspectos desta problemática – vastíssima e por isso na sua totalidade inabarcável numa exposição com as características da presente – que vamos ocupar-nos aqui.

II. O novo regime português do comércio electrónico. Aspectos fundamentais

2. O tema reveste-se da maior actualidade.

Portugal dispõe, desde 7 de Janeiro de 2004, de uma nova lei do comércio electrónico: o D.L. n.º 7/2004, publicado naquela data, no qual se designa a actividade económica em causa pela expressão *serviços da sociedade da informação*, ou seja, nos termos do art. 3.º, n.º 1, «qualquer serviço prestado a distância por via electrónica, mediante remuneração ou pelo menos no âmbito de uma actividade económica, na sequência de pedido individual do destinatário».

Este diploma transpõe para a ordem jurídica interna a Directiva da Comunidade Europeia n.º 2000/31/CE, de 8 de Junho de 2000, sobre a mesma matéria[1].

Na esteira desta Directiva, o D.L. n.º 7/2004 não descurou os problemas postos pelo comércio electrónico em situações internacionais. Pelo contrário: dedicou-lhes nada menos que seis artigos – os artigos 4.º a 9.º –, os quais, aliás, não cobrem todas as questões suscitadas pelo comércio electrónico transfronteiras, antes se ocupam exclusivamente da determinação da lei aplicável, e tão-só quanto a certas matérias.

---

[1] Publicada no *Jornal Oficial das Comunidades Europeias*, n.º L 178, de 17 de Julho de 2000, pp. 1 ss. Para uma explanação dos pressupostos do diploma nacional de transposição da Directiva, veja-se José de Oliveira Ascensão, «Bases para uma transposição da Directriz n.º 00/31, de 8 de Junho (comércio electrónico)», anexo n.º 4 à Proposta de Lei n.º 44/IX, *in Diário da Assembleia da República*, II série-A, n.º 79, de 20 de Março de 2003, pp. 3320 (2) ss.

3. Antes, porém, de examinarmos *ex professo* esses preceitos, importa dizer uma palavra acerca do *sentido geral* da regulamentação substantiva do comércio electrónico instituída por aquele diploma legal português. A compreensão dele parece-nos, com efeito, imprescindível a fim de se entender devidamente o alcance das regras de Direito Internacional Privado contidas no diploma.

Cingir-nos-emos, a este respeito, aos dois aspectos nucleares dessa regulamentação: a *responsabilidade dos prestadores de serviços em rede*, matéria de que o diploma se ocupa nos arts. 11.º a 19.º, e a *contratação electrónica*, objecto dos arts. 24.º a 34.º.

4. Vejamos o primeiro.

Toda a regulamentação legal do comércio electrónico, tanto em Portugal como nos demais países europeus, tem sido dominada pela preocupação de limitar, ou mesmo de excluir em certas situações, a responsabilidade dos prestadores intermediários de serviços da sociedade da informação, consagrando em benefício deles alguns *safe harbours*.

E isto porque essa limitação ou exclusão de responsabilidade foi percebida pelos legisladores como uma condição *sine qua non* da própria viabilidade do comércio electrónico.

O âmbito quase universal da Internet potencia, com efeito, enormemente os danos que qualquer informação nele disponibilizada é susceptível de causar a terceiros.

Se se admitisse sem quaisquer restrições a responsabilidade das empresas que prestam serviços em rede por danos causados por tal informação, e em especial se se estabelecesse que essa responsabilidade se pautaria sempre pelas regras do *país de destino* de tais serviços, possivelmente nenhuma empresa se aventuraria a oferecê-los por essa via.

Algumas decisões judiciais recentes, envolvendo empresas norte-americanas que prestam serviços na Europa via Internet – como a que foi proferida em França no caso *Yahoo!*[2] – permitem demonstrá-lo.

Ora, o que estabelece a lei portuguesa sobre a matéria?

Fundamentalmente duas ordens de regras:

Primeira – A sujeição da responsabilidade dos prestadores de serviços em rede ao *regime comum*, regra esta consignada no art. 11.º, que é

---

[2] Sentença do *Tribunal de Grande Instance de Paris* de 20 de Novembro de 2000, proferida no caso *Licra et UEJF c. Yahoo!Inc. et Yahoo France*, disponível em http://www.eff.org e em http://www.cdt.org/speech/international/001120yahoofrance.pdf.

encimado pela epígrafe «princípio da equipação». Também em Portugal, portanto, se pode afirmar a este respeito: *what holds offline, holdsonline*.

Segunda – A exclusão da responsabilidade, ou a restrição desta, sob certas condições, dos chamados prestadores intermediários de serviços, pelo que respeita a certas actividades por estes levadas a cabo: simples transporte de informação em rede («*mere conduit*»), armazenagem intermediária («*caching*»), armazenagem principal («*hosting*») e associação de conteúdos («*linking*»): arts. 14.º a 17.º.

5. Passemos ao segundo tema acima referido: a *contratação electrónica*.

O princípio que inspira a regulamentação legal é também, nesta matéria, o da *equiparação*: a contratação electrónica é em princípio assimilada à contratação por outros meios: haja vista, nomeadamente, aos arts. 25.º, n.º 1, e 26.º do D.L. n.º 7/2004.

Mas consagram-se a este propósito alguns importantes desvios às regras comuns, norteados, designadamente, pela preocupação de reforçar a protecção do consumidor. Assim:

– O prestador de serviços em rede que celebre contratos através desta deve facultar aos destinatários desses serviços certas *informações prévias* (art. 28.º);
– Tem, além disso, de *acusar por meios electrónicos a recepção de uma encomenda* feita pela mesma via (art. 29.º, n.º 1);
– Sendo que, em regra, a encomenda apenas se torna definitiva com a *confirmação da mesma pelo destinatário* do aviso de recepção (art. 29.º, n.º 5).

III. O problema da lei aplicável. Sua relevância

6. Agora pergunta-se: a que situações é aplicável este regime?

Sê-lo-á, por exemplo, a empresas estabelecidas em França ou na Alemanha, que ofereçam serviços em rede, ou nela coloquem informação, que fique acessível em Portugal? E sê-lo-á também aos contratos celebrados por essas empresas com consumidores residentes habitualmente em Portugal?

Este o problema de que vamos ocupar-nos seguidamente.

Poderá perguntar-se qual a sua relevância, tendo presente que, por força da transposição da Directiva 2000/31/CE, se terá conseguido uma certa harmonização das regras sobre estas matérias nos Estados-Membros da Comunidade Europeia.

Essa relevância deriva, a nosso ver, de dois factores.

Primeiro: a harmonização apenas abrange, evidentemente, os Estados-Membros da Comunidade. Relativamente a terceiros Estados, e em especial aos Estados Unidos, mantêm-se, em tudo o que se prende com a regulamentação dos serviços da sociedade da informação, divergências muito acentuadas.

Segundo: apesar da harmonização das legislações dos Estados-Membros da Comunidade induzida pela Directiva, não é ainda uniforme o regime da responsabilidade dos fornecedores de bens e serviços em linha consagrado nas leis nacionais, nem o dos contratos celebrados por meios electrónicos. Senão vejamos.

7. Na esteira do disposto no art. 14.º da Directiva 2000/31/CE, o D.L. n.º 7/2004 estabelece, no seu art. 16.º, n.º 1, que o prestador intermediário de serviços de armazenagem em servidor só é responsável, nos termos comuns, pela informação que armazena se tiver conhecimento de actividade ou informação cuja ilicitude for manifesta e não retirar ou impossibilitar logo o acesso a essa informação.

Logo, porém, se acrescenta, no n.º 2 da mesma disposição, que há também responsabilidade civil sempre que, perante as circunstâncias que conhece, o prestador do serviço tenha ou deva ter consciência do carácter ilícito da informação.

Neste ponto a lei portuguesa vai além do exigido pela Directiva, pois esta apenas impõe a responsabilização do prestador intermediário de serviços quando este tenha conhecimento efectivo da actividade ou informação ilegal ou de factos ou circunstâncias que a «evidenciem» (art. 14.º, n.º 1, alínea *a*)) ou quando o prestador, tendo tomado conhecimento da ilicitude, não actue com diligência no sentido de retirar ou impossiblitar o acesso à informação (*idem,* alínea *b*)).

Outro tanto se conclui do confronto do art. 16.º do D.L. n.º 7/2004 com as disposições homólogas constantes das leis de diversos Estados-Membros da Comunidade, que na matéria se limitam a reproduzir, com maior ou menor fidelidade, a solução da Directiva. Tal o caso, por exemplo, do § 11 da Lei dos Teleserviços alemã (*Teledienstegesetz*), na redacção dada pela Lei do Comércio Electrónico (*Elektronischer Geschäftsverkehr-Gesetz*), de 20 de Dezembro de 2001[3].

---

[3] Disponível em http://www.iid.de/iukdg/EGG/index.html. Aí se dispõe: «Diensteanbieter sind für fremde Informationen, die sie für einen Nutzer speichern, nicht verant-

Mais restritiva ainda se mostra, neste particular, a lei espanhola n.º 34/2002, de 11 de Julho de 2002, *de Servicios de la Sociedad de la Información y Comercio Electrónico*, cujo art. 16, n.º 1, alínea *a)*, isenta de responsabilidade os prestadores dos serviços em causa sempre que não tenham conhecimento efectivo de que a actividade ou informação armazenada é ilícita ou de que lesiona bens ou direitos de um terceiro susceptíveis de indemnização, declarando que «se entenderá que el prestador de servicios tiene el conocimiento efectivo a que se refiere el párrafo a) cuando un órgano competente haya declarado la ilicitud de los datos, ordenado su retirada o que se imposibilite el acceso a los mismos, o se hubiera declarado la existencia de la lesión, y el prestador conociera la correspondiente resolución [...]».

Além disso, nos termos da lei portuguesa os prestadores de serviços de «associação de conteúdos em rede», por meio de instrumentos de busca, hiperconexões ou processos análogos beneficiam da isenção de responsabilidade aplicável aos prestadores de serviços de armazenagem de informação em servidor (art. 17.º). Soluções análogas acham-se consagradas na *E-Commerce Gesetz* austríaca, de 21 de Dezembro de 2001 (§§ 14 e 17), e na lei espanhola (art. 17). As restantes legislações nacionais não disciplinam, porém, esta matéria, de que a Directiva também não se ocupa.

Por outro lado, a Directiva deixa implicitamente às leis dos Estados--Membros a regulação de múltiplas questões suscitadas pela imputação aos prestadores de serviços da sociedade da informação dos danos causados por informação disponível em rede, sobre as quais a Directiva é omissa – questões que compreendem, por exemplo, os pressupostos gerais a que a responsabilidade civil se subordina e o conteúdo do dever de indemnizar.

8. O mesmo se passa com o regime dos contratos celebrados por meios electrónicos:

Perante a lei portuguesa, a oferta de produtos ou serviços em linha representa uma *proposta contratual* «quando contiver todos os elementos necessários para que o contrato fique concluído com a simples aceitação do destinatário» (art. 32.º, n.º 1, do D.L. n.º 7/2004), sendo que para a

---

wortlich, sofern 1. sie keine Kenntnis von der rechtswidrigen Handlung oder der Information haben und ihnen im Falle von Schadensersatzansprüchen auch keine Tatsachen oder Umstände bekannt sind, aus denen die rechtswidrige Handlung oder die information offensichtlich wird, oder 2. sie unverzüglich tätig geworden sind, um die Information zu entfernen oder den Zugang zu ihr zu sperren, sobald sie diese Kenntnis erlangt haben».

determinação do momento da conclusão do contrato «o mero aviso de recepção da ordem de encomenda não tem significado» (*ibidem*, n.º 2).

Outras leis, ao invés, estabelecem que o contrato se considera concluído quando o destinatário do serviço houver recebido, por via electrónica, da parte do prestador do serviço, o *aviso de recepção* da aceitação do destinatário do serviço: é o caso da lei luxemburguesa de 14 de Agosto de 2000, relativa ao comércio electrónico (art. 52, n.º 1).

De acordo com a nossa lei, como se disse atrás, em regra a encomenda feita *on line* apenas se tornará definitiva com a sua confirmação pelo destinatário do serviço, dada na sequência do aviso de recepção enviado pelo prestador de serviços (art. 29.º, n.º 5): é o sistema dito do *duplo clique*. À mesma solução fundamental conduz o disposto no art. 1369-2 do Código Civil francês, na redacção dada pela *Loi pour la confiance dans l'économie numérique*, de 21 de Junho de 2004. Diferentemente, várias outras leis apenas exigem, para o mesmo efeito, que o oferente de bens ou serviços em rede *confirme, por via electrónica, a recepção da encomenda* feita pelo destinatário desses bens ou serviços (*vide* a lei espanhola, art. 28, n.º 1; as *Electronic Commerce (EC Directive) Regulations 2002* inglesas, n.º 11; e o Decreto Legislativo italiano n.º 70, de 9 de Abril de 2003, art. 13, n.º 2).

IV. O princípio da aplicabilidade da *lex originis*. Fundamento

9. Pelo que respeita à determinação da lei aplicável tanto à responsabilidade dos prestadores de serviços da sociedade da informação como aos contratos por estes celebrados, o D.L. n.º 7/2004 consagra – na esteira do art. 3.º, n.º 1, da Directiva 2000/31/CE – o princípio da aplicação da lei do país onde os prestadores se encontram estabelecidos: a *lex originis*[4].

---

[4] Não é pacífico na doutrina que seja esse o alcance da referida disposição da Directiva. Para uma defesa do ponto de vista conforme o qual o art. 3.º, n.º 1, da Directiva se limita a submeter as empresas que prestem serviços em linha à lei do país do seu estabelecimento pelo que respeita às exigências que estas devem observar a fim de poderem prestar esses serviços, consignadas em normas de Direito Público da Economia, mas não já no tocante aos pressupostos e ao conteúdo da obrigação de indemnizar em que porventura incorram pelos danos que causem a terceiros no exercício da sua actividade, matéria a que se aplicariam as regras gerais de Direito Internacional Privado, vejam-se Alfonso Calvo Caravaca/Javier Carrascosa González, *Conflictos de Leyes e Conflictos de Juris-*

Com efeito, o art. 4.º, n.º 1, do D.L. n.º 7/2004 submete os prestadores estabelecidos em Portugal à lei portuguesa, no tocante à actividade que exercem, ainda que os serviços em questão sejam prestados noutro país.

Por estabelecimento em Portugal deve entender-se, para os efeitos daquele preceito, um *estabelecimento efectivo* em território nacional, seja qual for a localização da sede. A mera disponibilidade de meios técnicos adequados à prestação do serviço, só por si, não configura um tal estabelecimento (art. 4.º, n.º 2). Quando o prestador de serviços da sociedade da informação se achar estabelecido em vários locais, releva apenas, para este efeito, o local em que tiver o centro das suas actividades relacionadas com esses serviços (*idem*, n.º 3).

Por seu turno, o art. 5.º, n.º 1, do mesmo diploma sujeita as actividades em linha dos prestadores de serviços estabelecidos noutro Estado--Membro da União Europeia à lei desse Estado, no tocante: «*a)* Aos próprios prestadores, nomeadamente no que respeita a habilitações, autorizações e notificações, à identificação e à responsabilidade; *b)* Ao exercício, nomeadamente no que respeita à qualidade e conteúdo dos serviços, à publicidade e aos contratos».

---

dicción en Internet, Madrid, 2001, pp. 34 s., e Luís de Lima Pinheiro, «Federalismo e Direito Internacional Privado – algumas reflexões sobre a comunitarização do Direito Internacional Privado», *Cadernos de Direito Privado*, n.º 2, Abril/Junho 2003, pp. 3 ss. (p. 17). O entendimento segundo o qual o art. 3.º, n.º 1, da Directiva constitui uma regra de conflitos de Direito Internacional Privado é hoje maioritário na doutrina alemã: cfr. Alexander Thünken, «Die EG-Richtlinie über den elektronischen Geschäftsverkehr und das internationale Privatrecht des unlauteren Wettbewerbs», *IPRax*, 2001, pp. 15 ss. (p. 20); Peter Mankowski, «Das Herkunftslandprinzip als Internationales Privatrecht der E-commerce-Richtlinie», *Zeitschrift für Vergleichende Rechtswissenschaft*, 2001, pp. 137 ss. (pp. 140 ss. e 179); *idem*, «Binnenmarkt-IPR – Eine Problemskizze», in *Aufbruch nach Europa. 75 Jahre Max-Planck-Institut für Privatrecht*, Tubinga, 2001, pp. 595 ss. (p. 598); *idem*, «Herkunftslandprinzip und deutsches Umsetzungsgesetz zur E-commerce-Richtlinie», *IPRax*, 2002, pp. 257 ss. (pp. 258 ss.); Gerald Spindler, «Kapitalmarktgeschäfte im Binnenmarkt. Der Einfluss der E-Commerce-Richtlinie auf das Internationale Vertragsrecht», *IPRax*, 2001, pp. 400 ss. (p. 401); Alexander Tettenborn, in Hans-Werner Moritz//Thomas Dreier (orgs.), *Rechts-Handbuch zum E-Commerce*, Colónia, 2002, pp. 490 s.; Renate Schaub, «Die Neuregelung des Internationalen Deliktrechts in Deutschland und das europäische Gemeinschaftsrecht», *RabelsZ*, 2002, pp. 18 ss. (p. 32); e Stefan Grundmann, «Das Internationale Privatrecht der E-Commerce-Richtlinie – was ist categorial anders im Kollisionsrecht des Binnenmarkts und warum?», *RabelsZ*, 2003, pp. 246 ss. (pp. 265 e 293 ss.).

Não há aqui, se bem cuidamos, nada de fundamentalmente novo: a aplicabilidade da *lex originis* é uma vetusta regra de Direito Internacional Privado europeia. Ela remonta à *Magna Glosa* ao Código de Justiniano, atribuída a Acúrcio (séc. XIII), onde se declara que ao bolonhês demandado em Modena não deveriam aplicar-se os estatutos desta cidade, a que aquele não estava sujeito (*«argumentum quod si Bononiensis conveniatur Mutinae, non debet iudicari secundum statuta Mutinae, quibus non subest»*)[5]. Donde o aforismo *statutum non ligat nisi subditos*[6].

10. Bem se compreende a consagração desta regra, tanto na Directiva 2000/31/CE como no diploma nacional de transposição: ela é essencial – consoante se reconhece no considerando 22 da Directiva – à *livre circulação dos serviços da sociedade da informação* no seio da Comunidade Europeia, que a Directiva fundamentalmente procurou assegurar.

Com efeito, a aplicabilidade aos serviços em apreço da lei do país do estabelecimento do respectivo fornecedor, na medida em que dispensa as empresas de se informarem acerca do teor das leis dos países de destino dos mesmos, bem como de conformarem a sua actividade com regimes porventura mais rigorosos do que aquele que vigora naquele país, facilita, pela diminuição de riscos e custos que envolve, a internacionalização da sua actividade.

Assim se compreende que se aluda, na própria epígrafe do art. 3.º, n.º 1, da Directiva, que consagra esta mesma regra, ao «mercado interno».

A esta luz se entende também que o Projecto de Regulamento da Comunidade Europeia sobre a Lei Aplicável às Obrigações Extracontratuais (Regulamento de «Roma II»)[7], que acolhe como regra geral no tocante a esta matéria a competência da *lex damni* (art. 3.º, n.º 1), haja ressalvado, no seu art. 23.º, n.º 2, os instrumentos comunitários que sujeitam a prestação de serviços ou de bens à lei do país de estabelecimento do prestador – como é o caso da Directiva 2000/31/CE.

---

[5] Cfr. Armand Lainé, *Introduction au droit international privé*, tomo I, Paris, 1888, pp. 105 ss., e t. II, pp. 118 s.; Max Gutzwiller, *Geschichte des Internationalen Privatrechts*, Basileia/Estugarda, 1977, p. 17, n. 26.

[6] Sobre o ponto, *vide* E.-M. Meijers, «L'histoire des principes fondamentaux du droit international privé à partir du moyen age spécialement dans l'Europe Occidentale», *Recueil des Cours de l'Academie de la Haye da Droit International*, 1934-III (tomo 49), pp. 54 ss. (pp. 594 ss.).

[7] Documento COM (2003) 427 final, de 22 de Julho de 2003, disponível em http://europa.eu.int.

V. Relação com o princípio do reconhecimento mútuo

11. A aplicação da *lex originis* aos serviços da sociedade da informação encontra-se estreitamente ligada – diríamos mesmo que constitui uma das faces da mesma medalha – a um outro princípio consignado na Directiva: o *reconhecimento mútuo*.

Dele é expressão o disposto no n.° 2 do art. 3.°, conforme o qual «[o]s Estados-Membros não podem, por razões que relevem do domínio coordenado, restringir a livre circulação dos serviços da sociedade da informação provenientes de outro Estado-Membro».

Princípio este que o legislador português acolheu no art. 5.°, n.° 2, do D.L. n.° 7/2004, onde se lê: «É livre a prestação dos serviços referidos no número anterior, com as limitações constantes dos artigos seguintes».

Por outras palavras: os serviços da sociedade da informação podem ser livremente prestados no território de qualquer Estado-Membro da Comunidade Europeia (ressalvados, evidentemente, os casos em que sejam tomadas as medidas derrogatórias referidas no n.° 4 do art. 3.° da Directiva e no art. 7.° do D.L. n.° 7/2004), desde que sejam originários de outro Estado-Membro e cumpram o disposto na legislação desse Estado, porque cada um dos demais Estados-Membros reconhece a disciplina dos serviços em causa instituída através dessa legislação.

Reconhecimento mútuo e competência da *lex originis* não são, assim, conceitos antitéticos, mas complementares: pelo que respeita aos serviços da sociedade da informação, o reconhecimento mútuo apenas opera, na Comunidade Europeia, nos quadros da competência atribuída à *lex originis*.

VI. Limites à competência da *lex originis*. Os contratos celebrados por consumidores através de redes de comunicação electrónicas

12. A competência da *lex originis* no domínio do comércio electrónico acha-se, no entanto, subordinada a certos limites: ela não vale quanto aos serviços de origem extracomunitária (art. 5.°, n.° 3, do D.L. n.° 7/2004); nem quanto a certas matérias, como a propriedade intelectual, as matérias disciplinadas pela lei escolhida pelas partes no exercício da autonomia privada e os contratos celebrados por consumidores (art. 6.°), relativamente às quais outras ordens de considerações justificam a aplicação de diversas leis.

Dos primeiros ocupar-nos-emos adiante. Vejamos agora brevemente qual a lei aplicável aos contratos celebrados por consumidores.

Liminarmente, refira-se a este propósito que a exclusão dos contratos de consumo do âmbito da *lex originis* vem ao encontro da preocupação em evitar uma redução do nível de protecção dos consumidores no domínio do comércio electrónico, que a aplicação sistemática da lei do país do estabelecimento da empresa poderia implicar: na ausência de uma harmonização integral do regime jurídico desses contratos na Comunidade Europeia, essa solução constituiria um forte estímulo a que as empresas se estabelecessem nos países onde o nível de protecção do consumidor é mais baixo, a partir dos quais ofereceriam os seus bens e serviços (a denominada *race to the bottom*), ou a que os Estados diminuíssem o nível de protecção dos consumidores no intuito de atrairem ao seu território os prestadores de serviços da sociedade da informação.

13. Ora, qual a lei aplicável aos contratos celebrados por consumidores por meios electrónicos?

Quanto a estes contratos valem, em Portugal, diversos regimes:
– O art. 5.º da Convenção de Roma de 1980 Sobre a Lei Aplicável às Obrigações Contratuais;
– O art. 23.º do D.L. n.º 446/85, de 25 de Outubro, que institui o regime jurídico das cláusulas contratuais gerais, transpondo a Directiva 93/13/CEE, do Conselho, de 5 de Abril de 1993, relativa às cláusulas abusivas nos contratos celebrados com os consumidores; e
– O art. 11.º do D.L. n.º 67/2003, de 8 de Abril, que transpõe a Directiva 1999/44/CE do Parlamento Europeu e do Conselho, de 25 de Maio de 1999, sobre certos aspectos da venda de bens de consumo e das garantias a ela relativas.

Vejamos estes preceitos.

O primeiro procura garantir ao consumidor um *standard* mínimo de protecção: aquele que lhe é conferido pelas disposições imperativas da lei da residência habitual, o qual não pode ser derrogado pelas partes através da escolha de uma lei diferente.

Contudo, a aplicação das normas de protecção da lei do país da residência habitual do consumidor não tem lugar em todo e qualquer caso, mas tão-só quando se verifiquem certas condições, enunciadas nos parágrafos subsequentes do n.º 2 do art. 5.º. Entre elas sobressaem as que consistem em ter a celebração do contrato sido precedida, nesse país, de uma *proposta* que fora especialmente dirigida ao consumidor ou de um *anúncio publicitário* e ter o consumidor executado nesse país todos os actos necessários à celebração do contrato; e a que se traduz em ter a outra parte ou o respectivo representante recebido o «pedido» do consumidor nesse país.

No fundo, o sujeito que se visa proteger não é qualquer consumidor, mas tão-só aquele a que se tem chamado o *consumidor passivo*, i. é, o consumidor que a fim de adquirir bens ou serviços não sai do país onde habitualmente reside, onde é procurado pelo fornecedor.

Se as partes não tiverem escolhido a lei aplicável, aplica-se, nos termos do n.º 3 do art. 5.º, a lei do país da residência habitual do consumidor, desde que se verifiquem as circunstâncias referidas no n.º 2 do mesmo artigo.

14. O segundo preceito mencionado limita-se a estabelecer que, sempre que o contrato celebrado por adesão apresente uma *conexão estreita* com o território português, se aplicam, independentemente da lei escolhida pelas partes a fim de regulá-lo, as proibições de certas cláusulas contratuais gerais nas relações com consumidores finais constantes da secção III do capítulo V desse diploma; se o contrato apresentar uma tal conexão com o território de outro Estado-Membro da Comunidade Europeia, aplicar-se-ão as normas correspondentes desse Estado, desde que o Direito local assim o determine.

Levanta-se, em face desse preceito, o problema de saber como concretizar o conceito de *conexão estreita* nele contido.

Julgamos que para o efeito haverá que atender às regras de conflitos da Convenção de Roma, por forma a salvaguardar a *unidade da ordem jurídica*, que deve nortear toda a interpretação das regras jurídicas de fonte interna. Deve, assim, ter-se por verificada essa conexão com o território de um Estado-Membro da Comunidade quando a sua lei fosse designada pelo art. 5.º da Convenção.

Outro tanto se dirá a respeito do art. 11.º do citado D.L. n.º 67/ /2003, segundo o qual: «Se o contrato de compra e venda celebrado entre profissional e consumidor apresentar uma *ligação estreita* ao território dos Estados-membros da União Europeia, a escolha, para reger o contrato, de uma lei de um Estado não membro que se revele menos favorável ao consumidor não lhe retira os direitos atribuídos pelo presente decreto--lei».

15. Dito isto, importa apurar se as referidas condições de que o art. 5.º, n.º 2, da Convenção de Roma faz depender a aplicação da lei do país da residência habitual do consumidor podem considerar-se preenchidas pelo que respeita aos contratos celebrados por meios electrónicos.

Na generalidade dos casos, supomos que não[8]. Por duas ordens de razões.

Em primeiro lugar, porque não há analogia entre o consumidor que adquire bens ou serviços *on line* e aquele que adquire bens ou serviços depois de ter recebido no país da sua residência habitual um anúncio publicitário radiodifundido ou uma proposta que lhe foi especialmente dirigida.

Uma página da Internet pode decerto constituir um anúncio publicitário para os efeitos do disposto no primeiro parágrafo do n.º 2 do art. 5.º. Trata-se, porém, de uma forma *sui generis* de publicidade, pois *só acede a ela quem quiser*: a página *web* não é geralmente *comunicada* aos consumidores, antes é *colocada à disposição do público*, podendo os consumidores «visitá-la», individualmente e a pedido, no momento e a partir do lugar que entenderem. Ela assemelha-se, por isso, muito mais a um *estabelecimento comercial* do que às formas comuns de publicidade.

Daí que nos contratos celebrados por consumidores através da Internet seja geralmente o consumidor quem procura o fornecedor – muitas vezes após ter comparado os preços e outras condições praticadas pelos que oferecem bens ou serviços através dessa rede de computadores –; e não o inverso, como pressupõe o art. 5.º, n.º 2, da Convenção. Por este mesmo motivo não pode ter-se por preenchida nesses contratos a hipótese prevista no segundo parágrafo deste preceito (i. e., ter a contraparte do consumidor ou o seu representante recebido o pedido deste no país da respectiva residência habitual)

Em segundo lugar, porque se os contratos celebrados por consumidores através da Internet fossem sistematicamente submetidos à lei da residência habitual destes, ou às normas de protecção dos consumidores dessa lei, as empresas que oferecem bens ou serviços através da rede ficariam

---

[8] Ver, porém, em sentido diverso, na doutrina portuguesa: Luís de Lima Pinheiro, «Direito aplicável aos contratos celebrados com consumidores», *Revista da Ordem dos Advogados*, 2001, pp. 155 ss. (p. 162); Elsa Dias Oliveira, *A protecção dos consumidores nos contratos celebrados através da Internet*, Coimbra, 2002, pp. 232 ss. e 347; e António Marques dos Santos, «Direito aplicável aos contratos celebrados através da Internet e tribunal competente», in *Direito da Sociedade da Informação*, vol. IV, Coimbra, 2003, pp. 107 ss. (p. 129).

potencialmente sujeitas, no que diz respeito a esses contratos, às leis de todos os países do mundo onde existe acesso à rede.

A execução de tais contratos tornar-se-ia muito onerosa para essas empresas, rompendo-se o equilíbrio de interesses visado no art. 5.° da Convenção de Roma, que apenas submete à lei da residência habitual do consumidor os contratos celebrados por consumidores quando o fornecedor haja *assumido o risco* da aplicação daquela lei, ao procurar o consumidor no país da sua residência.

A nosso ver, a única categoria de situações em que, sem qualquer reserva, se pode aplicar o art. 5.° aos contratos em apreço é aquela em que o consumidor recebe no seu terminal de computador uma mensagem de correio electrónico contendo uma proposta ou anúncio publicitário e acede à página *web* do fornecedor através de um *hipernexo* constante dessa mensagem. Dada a recente vulgarização do chamado *spam*, tais situações serão hoje relativamente frequentes.

Tirando estes casos, os contratos de consumo celebrados através de sítios na Internet estarão em princípio sujeitos, nos termos da Convenção de Roma, à lei escolhida pelas partes ou à do país da administração central ou do estabelecimento do co-contratante do consumidor.

Soluções que, como é bom de ver, não são, afinal, fundamentalmente diversas das que se extraem da Directiva 2000/31/CE e do D.L. n.° 7/2004: também a Convenção de Roma acolheu em certa medida, no seu art. 4.°, n.° 2, a competência da *lex originis*. O que está de acordo com a preocupação de facilitar o tráfico jurídico transfronteiras na Comunidade Europeia, que lhe está subjacente.

VII. Continuação: a competência da *lex destinationis*

16. Vejamos, por fim, os serviços de origem extracomunitária. Estes estão sujeitos, nos termos do art. 5.°, n.° 3, do D.L. n.° 7/2004, à lei portuguesa.

Trata-se de uma regra que a Directiva não impunha; e de uma regra que deve considerar-se subordinada aos instrumentos de Direito Internacional e Comunitário em matéria de Direito Internacional Privado vigentes entre nós, os quais, por força do disposto no art. 8.° da Constituição, prevalecem sobre o Direito de fonte interna.

Vale isto por dizer que aquela regra não prejudica a aplicação da Convenção de Roma, em matéria de contratos integrados no comércio electrónico, e do futuro Regulamento de Roma II, se e quando este entrar em vigor, pelo que respeita aos ilícitos cometidos *on line*.

Mas já prevalecerá aquele preceito sobre o que se estabelece no art. 45.º do Código Civil português quanto à lei aplicável à responsabilidade civil extracontratual.

Ora, serão substancialmente diversas as soluções que se extraem deste último preceito pelo que respeita aos ilícitos praticados em rede?

Julgamos que não. O art. 45.º, n.º 2, do Código português já admite com grande amplitude a aplicação da lei do Estado onde se produziu o efeito lesivo. A responsabilidade extracontratual por uma afirmação difamatória contida na edição *on line* de um jornal editado por uma empresa estabelecida nos Estados Unidos, por exemplo, estará sujeita à lei portuguesa se de alguma sorte essa edição se dirigir ao território nacional e o efeito lesivo aqui se produzir, apesar de a afirmação se achar protegida nos Estados Unidos pelo princípio constitucional da liberdade de expressão.

Questão diversa é a de saber se a sentença eventualmente proferida por um tribunal português com base no art. 5.º, n.º 3, do D.L. n.º 7/2004 produziria algum efeito nos Estados Unidos. A decisão proferida em 7 de Novembro de 2001 pelo *United States District Court for the Northern District of California, San Jose Division*, que concluiu pela insusceptibilidade de reconhecimento naquele Estado da sentença francesa sobre o caso *Yahoo!*[9], e a circunstância de não terem (ainda) chegado a bom termo os trabalhos da Conferência da Haia de Direito Internacional Privado tendo em vista a celebração de uma convenção internacional sobre a competência e as sentenças estrangeiras em matéria civil e comercial[10], levam-nos a supor que não.

Mais do que a comunitarização do Direito Internacional Privado, ou para além dela, o comércio electrónico reclama, pois, um reforço dos instrumentos convencionais de âmbito mundial relativos à cooperação judiciária internacional.

---

[9] *Yahoo! Inc. v. La Ligue Contre Le Racisme Et L'Antisemitisme et al.*, 169 F. Supp. 2d 1181.

[10] Cujo anteprojecto se encontra disponível em http://www.hcch.net.

O DIREITO DE CONFLITOS
E AS LIBERDADES COMUNITÁRIAS DE ESTABELECIMENTO
E DE PRESTAÇÃO DE SERVIÇOS*

Luís de Lima Pinheiro, Lisboa**

INTRODUÇÃO

O tema das relações entre o Direito Internacional Privado e o Direito Comunitário é multifacetado[1].

---

* O presente trabalho foi elaborado com vista aos Estudos em Memória do Professor Doutor António Marques dos Santos e com base na comunicação que proferi no Seminário sobre a Comunitarização do Direito Internacional Privado, realizado na Faculdade de Direito de Lisboa, em Maio de 2004.
** Faculdade de Direito de Lisboa.
[1] Em geral, sobre este tema, ver G. BADIALI – "Le droit international privé des Communautés européennes", *RCADI* 191 (1985) 9-182; MOURA RAMOS – Recensão a ORTIZ-ARCE DE LA FUENTE – Derecho Internacional Privado Español y Derecho Comunitario Europeu, *RDE* 16-19 (1990/1993) 881-898; Id. – "Un diritto internazionale privato della Comunità Europea: origine, sviluppo, alcuni principi fondamentali", *in Studi in onore di Francesco Capotorti*, 1999, 273-305; Id. – "O Tribunal de Justiça das Comunidades Europeias e a Teoria Geral do Direito Internacional Privado. Desenvolvimentos Recentes", *in Estudos em Homenagem à Professora Doutora Isabel de Magalhães Collaço*, vol. I, 431-467, Coimbra, 2002; A. STRUYCKEN – "Les conséquences de l'intégration européenne sur le développement du droit international privé", *RCADI* 232 (1992) 257--383; RIGAUX – "Droit international privé et droit communautaire", *in Mélanges Yvon Loussouarn*, 341-354, 1992; Eckart BRÖDERMANN e Holger IVERSEN – *Europäisches Gemeinschaftsrecht und Internationales Privatrecht*, Tubinga, 1994; Marc FALLON – "Les conflits de lois et de juridictions dans un espace économique intégré. L'expérience de Communauté européenne", *RCADI* 253 (1995) 9-282; Bernd von HOFFMANN – "The Relevance of European Community Law", *in European Private International Law*, org.

O Direito Internacional Privado tem fontes comunitárias, e o crescente papel destas fontes é justamente o traço mais marcante da comunitarização deste ramo do Direito[2]. O Direito Comunitário releva como limite à aplicação do Direito estrangeiro, quer por via reserva da ordem pública internacional quer enquanto limite autónomo[3]. O Direito Comunitário auto-executório tem vocação para regular directamente as situações transnacionais que caiam dentro da sua esfera de aplicação no

---

por Bernd von Hoffmann, 19-37, Nijmegen, 1998 ; Hans SONNENBERGER – "Europarecht und Internationales Privatrecht", *ZvglRWiss* 95 (1996) 3-47; Jürgen BASEDOW – "Europäisches Internationales Privatrecht", *NJW* 30 (1996) 1921-1929; Id. – "European Conflict of Laws under the Treaty of Amsterdam", in *International Conflict of Laws for the Third Millenium. Essays in Honor of Friedrich K. Juenger*, 175-192, Ardsley, Nova Iorque, 2001; Karl KREUZER – "Die Europäisierung des internationalen Privatrechts – Vorgaben des Gemeinschaftsrechts", in *Gemeinsames Privatrecht in der Europäischen Gemeinschaft*, 2.ª ed., Baden-Baden, 1999, 457-542, 473 e segs.; Christian KOHLER – "Interrogations sur les sources du droit international privé européen après le traitè d'Amsterdam", *R. crit.* 88 (1999) 1-30; Ulrich DROBNIG – "European Private International Law after the Treaty of Amsterdam: Perspectives for the Next Decade", *Kings College Law J.* 11 (2000) 191-201; Hélène GAUDEMET-TALLON – "Quel droit international privé pour l'Union européenne?", in *International Conflict of Laws for the Third Millenium. Essays in Honor of Friedrich K. Juenger*, 317-338, Ardsley, Nova Iorque, 2001; Id. – "De l'utilité d'une unification du droit international privé de la famille dans l'union européenne?", in *Estudos em Homenagem à Professora Doutora Isabel de Magalhães Collaço*, vol. I, 159-185, Coimbra, 2002; Erik JAYME – "Europa: Auf dem Weg zu einem interlokalen Kollisionsrecht", in *Vergemeinschftung des Europäischen Kollisionsrecht*, org. por Heinz-Peter Mansel, 31-40, 2001; JAYME/KOHLER – "Europäisches Kollisionsrecht 2001: Anerkennungsprinzip statt IPR", *IPRax* 21 (2001) 501-514 ; Id. – "Europäisches Kollisionsrecht 2002: Zur Wiederkehr des Internationalen Privatrechts", *IPRax* 22 (2002) 461-471; ALEGRÍA BORRÁS – "Derecho Internacional Privado y Tratado de Amsterdam", *Rev. Esp. Der. Int.* 51 (1999) 383-426; LIMA PINHEIRO – *Direito Internacional Privado. Volume I – Introdução e Direito de Conflitos/Parte geral*, Almedina, Coimbra, 2001, 269 e segs. e "Federalismo e Direito Internacional Privado – algumas reflexões sobre a comunitarização do Direito Internacional Privado", *Cadernos de Direito Privado* 2 (Junho 2003) 3-19; Klaus SCHURIG – "Unilateralistische Tendenzen im europäischen Gesellschaftsrecht, oder: Umgehung als Regelunsprinzip", in *Liber Amicorum Gerhard Kegel*, 199-221, Munique, 2002; Harmut LINKE – "Die Europäisierung des Internationalen Privat-und Verfahrensrechts. Traum oder Trauma?", in *Einheit und Vielfalt des Rechts. FS Reinhold Geimer*, 529-554, Munique, 2002.

[2] Ver LIMA PINHEIRO (n. 1 [2001]) 162 e segs., *Direito Internacional Privado. Volume III – Competência Internacional e Reconhecimento de Decisões Estrangeiras*, Almedina, Coimbra, 2002, 48 e seg. e 262 e seg. e (n. 1 [2003]).

[3] Ver LIMA PINHEIRO (n. 1 [2001]) 476.

espaço[4]. O Direito Comunitário incide ainda em matéria de situação jurídica dos estrangeiros[5] e de resolução dos concursos de nacionalidades[6].

Há um outro aspecto das relações entre Direito Internacional Privado e Direito Comunitário que suscita questões especialmente complexas e controvertidas. Trata-se da relevância dos Tratado da Comunidade Europeia e, em particular, das normas e princípios que consagram as liberdades de circulação de pessoas, mercadorias, estabelecimento e serviços, para a resolução dos problemas de determinação do Direito aplicável a situações "privadas" internacionais (ou, como prefiro dizer, a situações transnacionais).

A tensão entre tendências centralistas, favoráveis à mais ampla unificação do Direito privado, através de actos comunitários, e à redução ao mínimo da autonomia dos sistemas jurídicos dos Estados-Membros, e tendências autonomistas, que defendem o pluralismo jurídico e a descentralização de competências em matéria de Direito privado também se projecta neste contexto. É assim que se assiste ao confronto entre um entendimento maximalista das normas e princípios que consagram as liberdades comunitárias, que comprime o Direito de Conflitos Internacional Privado e menospreza as suas finalidades, uma atitude mais tradicionalista, que nega qualquer incidência das liberdades comunitárias sobre o Direito de Conflitos, e uma posição que busca um compromisso entre esses regimes comunitários e as soluções do Direito de Conflitos que seja razoável e ajustado ao presente estádio da integração europeia.

Como defensor da integração europeia mas crítico do modelo centralizador para que tem apontado, designadamente, o processo de comunitarização do Direito Internacional Privado[7], inclino-me decididamente para esta terceira posição. A esta luz, suscita preocupação a recente viragem do Tribunal de Justiça das Comunidades (TCE) no sentido de um entendimento maximalista das normas e princípios que consagram as liberdades comunitárias relativamente a questões de Direito Internacional Privado. Eis o ensejo para retomar e aprofundar algumas reflexões anteriores sobre a incidência do direito comunitário de estabelecimento sobre

---

[4] Ver LIMA PINHEIRO (n. 1 [2001]) 79 e segs.
[5] Ver LIMA PINHEIRO – *Direito Internacional Privado – Volume II – Direito de Conflitos/Parte Especial*, 2.ª ed., Almedina, Coimbra, 2002, 138 e seg.
[6] Ver LIMA PINHEIRO (n. 1 [2001]) 339 e seg.
[7] Ver LIMA PINHEIRO (n. 1 [2003]).

o Direito de Conflitos das sociedades e da liberdade comunitária de prestação de serviços sobre o Direito Internacional Privado do trabalho[8].

I. Aspectos gerais

Constitui questão muito controversa a da incidência do regime das liberdades de circulação de mercadorias, de estabelecimento e de prestação de serviços sobre as normas de conflitos de Direito Internacional Privado.

Uns defendem que do Tratado da Comunidade Europeia decorrem certas soluções conflituais[9], ou pelo menos limites genéricos à aplicação de normas de Direito privado que condicionam a actuação do Direito de Conflitos dos Estados-Membro[10]. Outros entendem que este Tratado não contém "normas de conflitos ocultas" e que o problema da compatibilidade de normas de conflitos internas com o Direito Comunitário originário só se coloca excepcionalmente com relação a certas normas discriminatórias[11].

Este segundo entendimento parece-me mais conforme com o Direito positivo e mais ajustado ao actual estádio da integração europeia. Creio que não se podem inferir soluções conflituais das normas comunitárias que consagram as liberdades fundamentais e que as normas de Direito privado não constituem, em regra, restrições a essas liberdades[12]. Não excluo que

---

[8] Ver LIMA PINHEIRO (n. 1 [2001]) 269 e seg.), (n. 5) 102 e seg. e (n. 1 [2003]).

[9] Ver Jürgen BASEDOW – "Der kollisionsrechtliche Gehalt der Produktsfreiheiten im europäischen Binnenmarkt: favor offerendis", RabelsZ. 59 (1995) 1-54 e RADICATI DI BROZOLO – "Libre circulation dans la CE et règles de conflit", in L'européanisation du droit international privé, org. por Paul LAGARDE e Bernd VON HOFFMANN, 87-103, Colónia, 1996.

[10] Ver FALLON (n. 1) 127 e segs., 140 e segs. e 178; Wulf-Henning ROTH – "Die Grundfreiheiten und das Internationale Privatrecht – das Beispiel Produkthaftung", in Gedächtnisschrift für Alexander Lüderitz, 635-657, Munique, 2000 e "Der Einfluss der Grundfreiheiten auf das internationale Privat- und Verfahrensrecht", in Systemwechsel im europäischen Kollisionsrecht, 47-63, Munique, 2002; KROPHOLLER – Internationales Privatrecht, 4.ª ed., Tubinga, 2001, 73 e seg.

[11] Ver BADIALI (n. 1) 107 e SONNENBERGER (n. 1) 13 e segs.

[12] Ver também Michael WILDERSPIN e Xavier LEWIS – "Les relations entre le droit communautaire et les règles de conflits de lois des États membres", R. crit. 91 (2002) 1-37 e 289-313, 13 e segs.

no interesse do comércio intercomunitário se devam colocar limites à actuação do Direito de Conflitos que, embora mínimos, vão além da proibição de discriminação. Mas parece-me que o Tratado da Comunidade Europeia não fundamenta estes limites e que eles de algum modo supõem um aprofundamento da integração política.

A tensão entre as normas comunitárias que consagram as liberdades fundamentais e o Direito de Conflitos dos Estados-Membros manifesta-se em diversos domínios. Mas esta tensão é *normalmente* resolúvel por uma de duas vias.

Nuns casos, mediante a autonomização das questões de Direito privado suscitadas pela aplicação dessas normas comunitárias e a sua sujeição ao Direito Internacional Privado dos Estados-Membros.

Noutros, mediante a tolerância dos efeitos secundários e indirectos da aplicação de certas normas de Direito privado sobre o comércio intercomunitário porquanto essa aplicação é justificada pelos fins prosseguidos por estas normas bem como pelas finalidades do Direito de Conflitos.

Parece-me indiscutível que a proibição de discriminação em razão da nacionalidade, no âmbito de aplicação do Tratado da Comunidade Europeia, consagrada no seu art. 12.º, é incompatível com normas de Direito Internacional Privado que estabeleçam um tratamento menos favorável de nacionais de outros Estados-Membros[13]. Este tratamento menos favorável pode resultar da utilização, como critério diferenciador, seja da nacionalidade, seja de outro critério que conduza ao mesmo resultado discriminatório (discriminação indirecta ou oculta).

Duas observações, porém, se impõem.

Em primeiro lugar, o art. 12.º só proíbe a discriminação no "âmbito de aplicação do Tratado". Para este efeito, o âmbito de aplicação do Tratado é entendido em sentido amplo, abrangendo as normas nacionais que tenham uma incidência directa ou indirecta sobre as liberdades comunitárias[14]. Em todo o caso, parece claro que as normas de conflitos em matéria pessoal estão fora do âmbito de aplicação desta proibição.

Por outro lado, a utilização do elemento de conexão nacionalidade, designadamente em matéria de estatuto pessoal, não encerra qualquer discriminação[15]. A equiparação entre nacionais e estrangeiros está assegu-

---

[13] Ver FALLON (n. 1) 126 e segs. e KROPHOLLER (n. 10) 72 e seg.
[14] Ver WILDERSPIN/LEWIS (n. 12) 6 e segs.
[15] No seu ac. 10/6/1999, no caso *Johannes* [*CTCE* (1999) I-03475], o TCE decidiu que a proibição de discriminação em razão da nacionalidade, consagrada no art. 12.º

rada, no plano do Direito de Conflitos, quando o mesmo elemento de conexão for utilizado em todos os casos. Além de que, como acabei de assinalar, a matéria do estatuto pessoal encontra-se em princípio fora do âmbito de aplicação do Tratado.

Indo mais longe, porém, algumas decisões recentes do TCE procuraram deduzir das liberdades comunitárias limites à actuação de normas não-discriminatórias do Direito de Conflitos dos Estados-Membros. Neste estudo proponho-me examinar algumas decisões relativas ao direito de estabelecimento e à liberdade de prestação de serviços que vieram colocar limites ou condicionamentos à actuação do Direito de Conflitos em matéria de "*sociedades*" e de *relações laborais*[16].

II. Direito de estabelecimento e direito de conflitos das "sociedades" comunitárias

Nos termos do art. 43.º/1 do Tratado da Comunidade Europeia "são proibidas as restrições à liberdade de estabelecimento dos nacionais de um Estado-Membro no território de outro Estado-Membro. Esta proibição abrangerá igualmente as restrições à constituição de agências, sucursais ou filiais pelos nacionais de um Estado-Membro estabelecidos no território de outro Estado-Membro."

Para este efeito, o art. 48.º/1 do mesmo Tratado equipara às pessoas singulares nacionais dos Estados-Membros as "sociedades" (em sentido amplo) "constituídas em conformidade com a legislação de um Estado-

---

(ex-art. 6.º) do Tratado da Comunidade Europeia, se limita ao âmbito de aplicação deste Tratado e que nem as normas nacionais de Direito Internacional Privado que determinam o direito substantivo nacional aplicável aos efeitos do divórcio entre cônjuges, nem os preceitos nacionais de Direito Civil que regulam em termos de Direito substantivo esses efeitos se incluem no âmbito de aplicação do Tratado; de onde resulta que o art. 12.º do Tratado não obsta a que o Direito de um Estado-Membro atenda à nacionalidade dos cônjuges como factor de conexão que permite determinar o Direito substantivo nacional aplicável aos efeitos de um divórcio.

[16] Não me pronunciarei sobre a possibilidade de normas de Direito processual não-discriminatórias constituírem restrições às liberdades comunitárias, uma vez que, em minha opinião, a divisão entre Direito público e Direito privado não se aplica às normas processuais, e que estas normas processuais são territoriais quanto aos órgãos de aplicação (i.e., os órgãos de aplicação de um Estado aplicam sempre o Direito processual do foro), ao contrário do que se verifica com o Direito substantivo privado.

-Membro e que tenham a sua sede social, administração central ou estabelecimento principal na Comunidade".

Estes preceitos constituem concretizações, no domínio do direito de estabelecimento, do princípio da não-discriminação em razão da nacionalidade (art. 12.º/1)[17].

O direito de estabelecimento abrange o *estabelecimento principal* (mediante o acesso a uma actividade profissional independente, a criação de uma "empresa" nova ou a transferência do estabelecimento principal de uma empresa preexistente) e o *estabelecimento secundário* (mediante a criação de uma filial, de uma sucursal ou de uma agência por pessoa que tem o seu estabelecimento principal noutro Estado-Membro).

Embora sem aparente base no Tratado, a jurisprudência do TCE alargou progressivamente o conceito de "restrições" às liberdades de estabelecimento e de prestação de serviços, por forma a incluir normas não-discriminatórias, por vezes em circunstâncias muito discutíveis que pouco têm a ver com a abolição de entraves ao funcionamento do mercado único[18].

Tem sido discutido se o direito de estabelecimento atribuído pelo Direito Comunitário implica que cada Estado-Membro deve aplicar às "sociedades" comunitárias (na acepção ampla do art. 48.º do Tratado da Comunidade Europeia) o Direito segundo o qual se constituíram[19].

A doutrina dominante responde negativamente. Dos arts. 43.º e segs. do Tratado da Comunidade Europeia não decorre qualquer consequência quanto ao estatuto pessoal das sociedades, porquanto, segundo o art. 293.º, a regulação desta matéria é reservada a uma convenção internacional[20].

---

[17] Cf. Gérard DRUESNE – *Droit de l'Union européenne et politiques communautaires*, 6.ª ed., Paris, 2001, 123 e 154 e segs., e Paul CRAIG e Gráinne DE BÚRCA – *EU Law. Text, Cases and Materials*, 3.ª ed., Oxford, 2003, 772.

[18] Ver CRAIG/DE BÚRCA (n. 17) 765 e segs. e 783 e segs.

[19] Ver referências em LIMA PINHEIRO – "O Direito aplicável às sociedades. Contributo para o Direito Internacional Privado das sociedades", *ROA* 58 (1998) 673-777, 769 e segs.

[20] Cf. Herbert WIEDEMANN – *Gesellschaftsrecht*, vol. I – *Grundlagen*, Munique, 1980, 793 e seg.; EBENROTH/AUER – "Die Vereinbarkeit der Sitztheorie mit europäis--chem Recht", *GmbH-Rdsch.*(1994) 16-27; BADIALI (n. 1) 107; *Staudinger*/GROßFELD [n.º 115]; GROßFELD/KÖNIG – "Das Internationale Gesellschaftsrecht in der Europäischen Gemeinschaft", *RIW* 38 (1992) 433-440; CALVO CARAVACA – "Personas Jurídicas", *in* Julio GONZALEZ CAMPOS et al. (org.), *Derecho Internacional Privado. Parte Especial*, 84-97, 85; SONNENBERGER (n. 1) 10 e 20; BALLARINO – *Diritto Internazionale Privato*, 3.ª ed., Milão, 1999, 358.

Também o TCE, no caso *Daily Mail* (1988)[21], decidiu que até à conclusão de uma convenção de reconhecimento entre os Estados-Membros ou outra regulação comunitária desta matéria o Direito Comunitário não coloca condicionamentos aos Direitos de Conflitos nacionais na determinação do estatuto pessoal das sociedades

A posição contrária tem defensores de peso[22]. Esta posição faz valer que para reconhecer a existência de uma sociedade comunitária um Estado-Membro tem necessariamente de aplicar a lei do Estado-Membro segundo a qual a sociedade se constituiu. O reconhecimento de uma sociedade comunitária que se constituiu segundo a lei de um Estado-Membro não pode ser negado com base na sua invalidade perante a lei da sede da administração, pelo menos no que toca ao direito de estabelecimento. E se é assim para este efeito também o deve ser para outros, porque perturbaria a harmonia interna tratar a sociedade como válida para este efeito e como inválida para outros efeitos.

Portanto, os Estados-Membros têm de submeter o estatuto das "sociedades" comunitárias à lei do Estado-Membro segundo a qual se constituíram. Quer isto dizer que a teoria da constituição é aplicável às sociedades "comunitárias" mesmo nos Estados que submetem as sociedades à lei do Estado em que se situa a sede da administração (teoria da sede), como se verifica, até certo ponto, em Portugal (art. 33.º/1 do Código Civil, mas com certa relevância da sede estatutária em matéria de sociedades comerciais, nos termos do art. 3.º/1 do Código das Sociedades Comerciais).

Embora num primeiro momento me tenha inclinado neste sentido, reflexões ulteriores levaram-me a rever a minha posição.

A personalidade jurídica é uma questão prévia de Direito privado suscitada pelas normas relativas à liberdade de estabelecimento que deve

---

[21] Cf. ac. 27/9/88 [*CTCE* (1988-8) 5483].

[22] Cf. Peter BEHRENS – "Niederlassungsfreiheit und Internationales Gesellschaftsrecht", *RabelsZ*. 52 (1988) 498-529, 501 e "Die grenzüberschreitende Sitzverlegung von Gesellschaften in der EWG", *IPRax* (1989) 354-361; DROBNIG – "Gemeinschaftsrecht und internationales Gesellschaftsrecht. 'Daily Mail' und die Folgen", *in Europäisches Gemeinschaftsrecht und Internationales Privatrecht*, 185-206, Colónia, 1990, 193 e segs.; RIGAUX – "Droit international privé et droit communautaire", *in Mélanges Yvon Loussouarn*, 1992, 341-354, 346 e segs.. DROBNIG entende que, dado o nexo entre reconhecimento e estatuto da sociedade, a norma de reconhecimento contém a norma de conflitos [194]. Ver ainda decisão TCE no caso *Ubbink Isolatie BV* vs. *Dak- en Wandtechniek BV* (1988) [*CTCE* (1988) 4665].

ser apreciada exclusivamente segundo a lei designada pelo Direito de Conflitos do Estado em que se pretenda exercer esta liberdade. Contrariamente ao que poderia sugerir uma primeira leitura, o art. 48.º do Tratado não determina o reconhecimento da personalidade jurídica das sociedades constituídas em conformidade com o Direito de um Estado-Membro[23]. Esta questão é remetida pelo Tratado para a cooperação intergovernamental e, designadamente, para uma convenção internacional (art. 293.º). O art. 48.º limita-se a definir a conexão entre a "sociedade" e a Comunidade pressuposta pela atribuição do direito de estabelecimento (à semelhança do que se verifica com o art. 43.º do Tratado, relativamente às pessoas singulares, que atende para o efeito à nacionalidade). Do art. 48.º não resulta a consagração da teoria da constituição em matéria de personalidade jurídica da sociedade, assim como do art. 43.º não decorre qualquer regra sobre a determinação do estatuto pessoal dos indivíduos.

Com a decisão proferida no caso *Centros* (1999)[24], porém, o TCE iniciou uma viragem em sentido diferente. Neste caso, o TCE foi confrontado com a situação de uma sociedade formada por dinamarqueses para desenvolver actividade na Dinamarca que se constituiu no Reino Unido por forma a subtrair-se à exigência de capital mínimo formulada pelo Direito dinamarquês para a constituição daquele tipo de sociedade. Depois de se constituir no Reino Unido a sociedade requereu o registo de uma sucursal na Dinamarca. As autoridades dinamarquesas recusaram o registo, alegando que, tratando-se de uma sociedade interna, deveriam ser observadas as normas sobre a constituição de uma sociedade na Dinamarca.

O TCE decidiu que, por força das disposições sobre direito de estabelecimento, um Estado-Membro não pode recusar o registo de uma dita "sucursal" de uma sociedade constituída em conformidade com a legislação de outro Estado-Membro, no qual tem a sede estatutária, mesmo quando segundo o Direito Internacional Privado do primeiro Estado-Membro fossem aplicáveis as suas normas sobre a constituição de uma sociedade, uma vez que se tratava de uma sociedade interna que, em fraude à lei, fora constituída no estrangeiro (uma *sociedade pseudo-estrangeira*).

---

[23] Como pretendem FALLON (n. 1) 99 e DRUESNE (n. 17) 187 e seg., que parece interpretar a norma de equiparação contida no art. 48.º/1 do Tratado da Comunidade Europeia como um "sistema de reconhecimento implícito" da existência da personalidade jurídica da sociedade.

[24] TCE 9/3/99 [*CTCE* (1999-3) I 1459].

A aplicação das normas dinamarquesas sobre constituição de uma sociedade foi encarada pelo TCE como uma "restrição" à liberdade de estabelecimento que só poderia ser justificada por "razões de ordem pública".

Segundo a melhor interpretação desta decisão, que a compatibiliza com a proferida no caso *Daily Mail*, ela fundamenta-se numa interpretação autónoma do conceito de "sucursal" utilizado pelo art. 43.º/1.º do Tratado da Comunidade Europeia, e não comporta uma tomada de posição sobre o estatuto pessoal das "sociedades" comunitárias[25]. De acordo com esta interpretação, o estabelecimento num Estado-Membro de uma sociedade que se constituiu em conformidade com a legislação de outro Estado-Membro e que tem sede social na Comunidade pode ser considerado uma "sucursal" mesmo que a sociedade não desenvolva qualquer actividade no Estado em que se constituiu.

A interpretação das normas sobre direito de estabelecimento seguida pelo tribunal é discutível, uma vez que a situação parece estar abrangida pela excepção de abuso do direito de estabelecimento[26].

Regista-se também um alargamento do conceito de "restrição" a normas jurídico-privadas que não são discriminatórias nem dizem respeito ao acesso e exercício de actividades económicas. A incidência que estas normas podem ter sobre a liberdade de estabelecimento é meramente indirecta: elas não restringem o acesso à actividade económica num Estado-Membro, apenas tornam o exercício dessa actividade mais oneroso.

Admito que, apesar disso, a aplicação a sociedades regidas pela lei de um Estado-Membro de certas normas jurídico-privadas de outro Estado-Membro em que exerça actividade ou tenha a sede da administração possa dificultar o comércio intercomunitário.

Mas não será esta uma dificuldade inerente ao actual estádio de desenvolvimento do Direito Comunitário que, como já se assinalou, reserva a matéria da lei aplicável às sociedades para a cooperação intergovernamental? Perante o Tratado da Comunidade Europeia e à luz da decisão *Daily Mail* é duvidoso que se possa partir do princípio que as sociedades comunitárias estão submetidas ao Direito do Estado-Membro em

---

[25] Cf. Werner EBKE – "Centros – Some Realities and Some Mysteries", *Am. J. Comp. L.* 48 (2000) 623-660, 632 e segs.

[26] Cf. CRAIG/DE BÚRCA (n. 17) 798.

que se constituíram, por forma a limitar a aplicação de normas de outros Estados-Membros em matéria de estatuto pessoal.

Seja como for, no caso *Centros*, as normas jurídico-privadas em causa não tinham qualquer incidência sobre o comércio intercomunitário, visto que apenas estava em causa a sua aplicação a uma sociedade interna, constituída por dinamarqueses para desenvolver a sua actividade na Dinamarca, pelo que, à luz dos objectivos do Tratado da Comunidade Europeia, não havia qualquer razão para excluir ou limitar a sua aplicação.

Por outro lado, o registo da pseudo-sucursal suscitava questões prévias de Direito privado que deveriam ser resolvidas segundo o Direito Internacional Privado do Estado-Membro em causa. A decisão também é, a este respeito, errada. Ao impor incondicionalmente o registo da pseudo--sucursal o TCE fez prevalecer um entendimento maximalista das normas relativas ao direito de estabelecimento sobre o Direito Internacional Privado do Estado-Membro em causa[27].

A mesma orientação geral foi seguida posteriormente no caso *Überseering* (2002)[28]. Nesta decisão o TCE afirmou que o exercício da liberdade de estabelecimento pressupõe necessariamente o reconhecimento da personalidade jurídica da sociedade constituída em conformidade com o Direito de outro Estado-Membro, onde tem a sua sede estatutária, em qualquer Estado-Membro em que pretenda estabelecer-se[29]. Por conseguinte, no caso de a sociedade transferir a sede da sua administração para um Estado diferente daquele em que se constituiu e estabeleceu a sede estatutária, a recusa de reconhecimento da sua personalidade jurídica constitui, no entender do tribunal, uma restrição à liberdade de estabelecimento que é, em princípio, inadmissível[30].

Esta decisão, se também não preclude a regra da sede da administração na definição do estatuto pessoal das "sociedades" comunitárias, estabelece um claro limite à actuação desta regra, visto que obriga ao reconhecimento da personalidade jurídica adquirida pelas "sociedades" constituídas fora do Estado da sede da sua administração, segundo o Direito do Estado da constituição (i.e., com base na teoria da constituição)[31].

---

[27] Cp., porém, MOURA RAMOS (n. 1 [2002]) 455 e segs. com mais referências.
[28] 5/11/2002, disponível em http://europa.eu.int.
[29] N.º 59.
[30] N.º 82.
[31] Relativamente às teorias sobre a determinação do estatuto pessoal das sociedades ver LIMA PINHEIRO (n. 19) 678 e segs. e (n. 5) 79 e segs.

Este entendimento é de reprovar.

Nestes casos, as questões prévias de Direito privado suscitadas pela aplicação das normas relativas à liberdade de estabelecimento relevam da ordem jurídica dos Estados-Membros e, por conseguinte, deveriam ser solucionadas com base no Direito Internacional Privado dos Estados-Membros e não segundo critérios autónomos pretensamente deduzidos dessas normas comunitárias[32].

As duas decisões que acabo de referir suscitaram nos tribunais nacionais muitas questões sobre as implicações desta jurisprudência para o Direito de Conflitos das sociedades que foram submetidas ao pronunciamento do TCE.

Numa decisão recente (2003), no caso *Inspire Art*[33], o TCE levou ainda mais longe o seu entendimento maximalista das normas sobre direito de estabelecimento. À semelhança do caso *Centros* tratava-se de uma sociedade interna (holandesa) que fora constituída no Reino Unido para evitar a aplicação das normas holandesas mais restritivas sobre a constituição de uma sociedade.

A questão litigiosa dizia respeito à exigência, feita pela Câmara de Comércio e de Indústria de Amesterdão, de fazer inserir, como averbamento à sua inscrição no registo comercial holandês, a menção "sociedade formalmente estrangeira" e de utilizar esta indicação na vida comercial. Este averbamento teria como consequência a aplicação à sociedade de diversas obrigações relativas à matrícula da sociedade no registo comercial, à indicação dessa qualidade nos documentos que dela emanem, ao capital mínimo e à elaboração, realização e publicação dos documentos anuais.

O TCE decidiu, em primeiro lugar, que o artigo 2.º da Décima Primeira Directiva em Matéria de Direito das Sociedades se opõe a uma legislação nacional que impõe obrigações de publicidade não previstas na referida directiva à sucursal de uma sociedade constituída em conformidade com a legislação de outro Estado-Membro. Não me pronunciarei sobre este ponto, observando apenas que o entendimento adoptado tem certo apoio na letra do referido preceito e na intencionalidade legislativa que se infere dos Considerandos.

---

[32] Isto parece ser concedido, em tese geral, por FALLON (n. 1) 100 e seg. e 103 e segs., relativamente aos conceitos jurídicos de Direito privado utilizados pelo Direito Comunitário.

[33] 30/9/2003, disponível em http://europa.eu.int.

O TCE entendeu ainda que os artigos 43.º e 48.º do Tratado da Comunidade Europeia se opõem a uma legislação nacional que sujeita o exercício da liberdade de estabelecimento a título secundário nesse Estado, por uma sociedade constituída em conformidade com a legislação de outro Estado-Membro, a determinadas condições previstas no Direito interno para a constituição de sociedades, relativas ao capital mínimo e à responsabilidade dos administradores. As razões pelas quais a sociedade foi constituída no primeiro Estado-Membro, bem como a circunstância de ela exercer as suas actividades exclusiva ou quase exclusivamente no Estado-Membro de estabelecimento, não a privam do direito de invocar a liberdade de estabelecimento garantida pelo Tratado da Comunidade Europeia, a menos que se demonstre, caso a caso, a existência de um abuso.

Esta parte da decisão já suscita dúvidas e críticas.

Do ponto de vista do Direito Comunitário, a decisão reincide numa interpretação discutível das normas sobre direito de estabelecimento seguida pelo tribunal, uma vez que, como já se assinalou anteriormente, a situação parece estar abrangida pela excepção de abuso do direito de estabelecimento.

O TCE reafirma igualmente o alargamento do conceito de "restrição" a normas não discriminatórias de Direito privado que, a estar em causa a liberdade de estabelecimento, apenas teriam uma incidência indirecta sobre essa liberdade (na medida em que oneram a criação de uma pseudo--sucursal) e que não têm qualquer incidência sobre o comércio intercomunitário, porquanto se trata da pseudo-sucursal de uma sociedade interna.

Acrescente-se ainda que, nesta decisão, o TCE, à semelhança do que já se verificara nas decisões relativas à liberdade de prestação de serviços que serão adiante examinadas (III), aprecia a justificação do "entrave" alegadamente criado pelas normas jurídico-privadas segundo um *critério de ponderação* que foi desenvolvido para normas de Direito público da economia relativas ao acesso e exercício de actividades económicas: "devem aplicar-se de modo não discriminatório, justificar-se por razões imperativas de interesse geral, ser adequadas para garantir a realização do objectivo que prosseguem e não ultrapassar o que é necessário para atingir esse objectivo".

Ora, mesmo que as normas de Direito privado em causa pudessem ser qualificadas como "restrições" à liberdade de estabelecimento – o que me parece duvidoso –, o critério de ponderação desenvolvido para normas de Direito público da economia não pode ser transposto mecanicamente para o domínio do Direito privado. Remeto, a este respeito, para as considerações feitas mais adiante, relativamente à liberdade de prestação de serviços.

Como última nota sobre esta decisão, é de assinalar que a sua fundamentação está impregnada pela teoria da constituição. Omite-se a incompatibilidade da solução retida com os sistemas de Direito Internacional Privado que consagram a teoria da sede ou soluções intermédias. Isto pode explicar-se pela circunstância de ambos os Estados-Membros envolvidos consagrarem a teoria da constituição. Todavia, ao excluir a aplicação de normas do Estado com que a sociedade apresentava todas as restantes conexões, a decisão vem a traduzir-se num novo limite à regulação das sociedades por outra lei que não a do Estado da constituição. Isto significa, designadamente, que um Estado-Membro que adopte a teoria da sede não pode aplicar a sociedades que se constituam segundo o Direito de outro Estado-Membro normas da lei da sede da administração relativas ao capital mínimo e à responsabilidade dos administradores por não cumprimento dessa exigência.

Este somar de limites à actuação de regras sobre a determinação do estatuto pessoal das sociedades comunitárias que se desviem da teoria da constituição, se não significa ainda a consagração geral desta teoria, vem colocar em dúvida a coerência dos sistemas que se baseiam na teoria da sede.

Sublinhe-se ainda que esta jurisprudência é inspirada pela versão mais radical da teoria da constituição, ignorando a atenuação que resulta da doutrina das *sociedades pseudo-estrangeiras*[34].

De iure condendo, entendo que a solução simultaneamente mais conveniente à luz dos valores e princípios do Direito Internacional Privado e mais favorável ao comércio intercomunitário seria a consagração, pelos Estados-Membros, de uma *teoria atenuada da constituição*. À luz desta concepção, as sociedades devem ser regidas pela ordem jurídica segundo a qual se constituíram, mas com exclusão das sociedades pseudo--estrangeiras e com aplicação de certas normas do Direito do Estado onde a pessoa colectiva desenvolve a sua actividade com vista a tutelar a confiança de terceiros[35].

---

[34] Ver LIMA PINHEIRO (n. 19) 708 e segs.
[35] Ver LIMA PINHEIRO (n. 5) 79 e segs.

III. Liberdade de prestação de serviços e normas laborais susceptíveis de aplicação necessária

O art. 49.º/1 do Tratado da Comunidade Europeia proíbe as restrições à livre prestação de serviços num Estado-Membro por pessoas estabelecidas noutro Estado-Membro e que tenham nacionalidade de um Estado--Membro. Por força do art. 55.º as "sociedades" comunitárias são equiparadas aos nacionais de um Estado-Membro, nos termos aplicáveis ao direito de estabelecimento (art. 48.º).

Enquanto o direito de estabelecimento tem por objecto o acesso e exercício de uma actividade económica com carácter permanente, a liberdade de prestação de serviços reporta-se ao exercício temporário de uma actividade económica num país em que o prestador não está estabelecido[36].

Também neste caso se trata de uma concretização do princípio da não-discriminação em razão da nacionalidade no âmbito de aplicação do Tratado (art. 12.º/1)[37].

O art. 50.º/3 do Tratado estabelece a regra de igualdade de tratamento: "o prestador de serviços pode, para a execução da prestação, exercer, a título temporário, a sua actividade no Estado onde a prestação é realizada, nas mesmas condições que esse Estado impõe aos seus próprios nacionais".

Esta regra opõe-se à discriminação do prestador de serviços seja em razão da nacionalidade seja pela circunstância de estar estabelecido num Estado-Membro que não é aquele em que a prestação deve ser realizada[38].

É interdita não só a discriminação directa, mas também a discriminação indirecta, fundada em critérios aparentemente neutros que conduzem de facto ao resultado de colocar em desvantagem o prestador de serviços estabelecido noutro Estado-Membro[39].

À semelhança do que ficou assinalado com respeito ao direito de estabelecimento, a jurisprudência do TCE alargou progressivamente o conceito de "restrição à livre prestação de serviços", por forma a colocar limites à aplicabilidade das leis que limitam ou condicionam a prestação

---

[36] Ver CRAIG/DE BÚRCA (n. 17) 800 e segs.
[37] Cf. DRUESNE (n. 17) 123 e 157 e segs.
[38] Cf. DRUESNE (n. 17) 158 e seg.
[39] Cf. DRUESNE (n. 17) 159.

de serviços no Estado em que é realizada, mesmo quando não têm carácter directa ou indirectamente discriminatório[40]. O conceito de "restrição à livre prestação de serviços" é alargado a qualquer medida que "seja susceptível de impedir, entravar ou tornar menos atractivas as actividades do prestador estabelecido noutro Estado-Membro, onde preste legalmente serviços análogos"[41].

Em todo o caso, parece que não são abrangidas as medidas que tiverem um efeito mínimo ou mesmo insuficiente sobre o funcionamento do mercado único[42]. Também neste domínio é duvidosa a base jurídico-positiva da jurisprudência do TCE.

Esta jurisprudência, que foi desenvolvida relativamente à aplicação de normas de Direito Económico sobre o acesso e exercício de actividades económicas, estabeleceu um *critério de ponderação*.

Segundo este critério de ponderação, as normas "restritivas" do Estado destinatário da prestação de serviços só podem ser aplicadas se forem justificadas por considerações de interesse geral que não sejam incompatíveis com os objectivos da Comunidade, que procedam igualmente em relação aos prestadores estabelecidos noutros Estados-Membros, não tiverem carácter discriminatório e respeitarem o princípio da proporcionalidade (i.e., que a restrição introduzida pela lei seja justificada pelo fim prosseguido).

Além disso, entende-se que estas leis não poderão ser aplicadas se as razões de interesse geral que as justificam já forem salvaguardadas pela legislação aplicável no Estado em que o prestador de serviços está estabelecido[43].

Esta jurisprudência postula, portanto, um *princípio do país de origem*, segundo o qual a prestação intercomunitária de serviços está submetida, em princípio, à lei do Estado de origem; as normas do país de destino da prestação que limitem a prestação de serviços por prestadores estabelecidos noutros Estados-Membros são consideradas "restrições" à liberdade de prestação de serviços e, como tal, só são aplicáveis se forem justificadas pelo referido critério de ponderação.

---

[40] Ver CRAIG/DE BÚRCA (n. 17) 819 e segs.
[41] Cf. TCE 23/11/1999, no caso *Arblade* [*CTCE* (1999) I-08453], n.º 33.
[42] Ver WILDERSPIN/LEWIS (n. 12) 19 e seg.
[43] Ver Cf. DRUESNE (n. 17) 161 e segs. e CRAIG/DE BÚRCA (n. 17) 716 e segs. e jurisprudência aí referida.

A meu ver, é duvidosa a base jurídico-positiva deste entendimento, que já revela a tendência para transpor soluções desenvolvidas num contexto (o da liberdade de circulação de mercadorias) para um contexto bastante diferente (o da liberdade de prestação de serviços)[44]. Acresce que o princípio do país de origem tem de ser justificado à luz da valoração dos interesses em jogo e não como suposta decorrência lógica das liberdades comunitárias. Todavia, não vou discutir aqui a aplicação do princípio do país de origem a leis de Direito Público da Economia, designadamente aquelas que limitam ou condicionam o acesso e exercício de actividades económicas.

Manifesto é, a meu ver, que quer o princípio do país de origem quer o critério de ponderação a que ficam sujeitas as leis do país de destino da prestação pressupõem que se trata do regime de acesso e exercício das actividades económicas e não são transponíveis mecanicamente para o domínio do Direito privado aplicável às relações estabelecidas no exercício dessas actividades.

O acesso e exercício de uma actividade está submetido aos regimes de Direito público do Estado em que o prestador de serviços está estabelecido, uma vez que se trata de normas de Direito público da economia que são, em regra, de "aplicação territorial" (i.e., que se aplicam ao acesso e exercício da actividade no Estado que as edita). Por isso se compreende que, num mercado único, só limitadamente possam ser aplicadas normas sobre acesso e exercício de actividades do Estado destinatário da prestação aos serviços prestados por pessoas estabelecidas noutros Estados-Membros.

Já a aplicação de regimes de Direito privado depende das normas de Direito Internacional Privado que não seguem o princípio do país de origem, visto que este princípio é inadequado à realização dos valores tutelados por este ramo do Direito. Em matéria de contratos obrigacionais as partes podem escolher a lei aplicável (art. 3.º da Convenção de Roma sobre a Lei Aplicável às Obrigações Contratuais) e, na falta de escolha, remete-se para a lei do país que apresenta a conexão mais estreita com o contrato (art. 4.º da mesma Convenção); em muitos casos há coincidência entre a lei da conexão mais estreita e a lei do país de origem do prestador de serviços mas, quando isto não se verifique, deve aplicar-se a lei da conexão mais estreita e não a lei do país de origem. No que toca à res-

---

[44] Ver ainda WILDERSPIN/LEWIS (n. 12) 20 e segs.

ponsabilidade extracontratual, a tendência é para atribuir o principal papel à lei do Estado em que se produz o efeito lesivo, embora o Direito de Conflitos português atenda principalmente à lei do Estado onde decorreu a actividade causadora do prejuízo (art. 45.º do Código Civil); estas soluções estão nos antípodas do princípio do país de origem.

Por esta razão não se pode partir do princípio que a prestação de serviços está submetida ao regime estabelecido pelo Estado-Membro de origem.

Os termos em que está formulado o critério de ponderação também revelam a sua génese publicística. A exigência de que as leis limitativas ou condicionantes sejam "justificadas por considerações de interesse geral" compreende-se relativamente a leis de Direito público, mas ajusta-se mal a leis de Direito privado que, na grande maioria dos casos, tutelam interesses particulares[45].

De onde resulta que as soluções desenvolvidas pela jurisprudiência comunitária com respeito à aplicação de regimes de Direito público sobre o acesso e exercício de actividades não são, em princípio, transponíveis para a aplicação de normas de Direito privado do Estado destinatário da prestação[46].

Por certo que podem ocorrer casos de aplicação cumulativa de normas imperativas de Direito privado do Estado de origem e do Estado destinatário da prestação de serviços. Isto cria alguma desvantagem para os prestadores de serviços transfronteiriços. Mas esta desvantagem não resulta, por si, da aplicação de normas do Estado destinatário da prestação de serviços. É antes uma desvantagem inerente ao carácter transnacional desta relação, que apresenta um contacto significativo com dois Estados que dispõem de sistemas jurídicos autónomos e que são internacionalmente competentes para a regular.

Qualquer relação que tenha laços significativos com mais de um Estado está potencialmente sujeita à aplicação cumulativa de normas de diferentes Estados. A aplicação de normas jurídico-privadas do Estado-Membro destinatário da prestação pode ser tão ou mais justificada, à luz das finalidades próprias do Direito de Conflitos, que a aplicação das nor-

---

[45] Embora o TCE admita que possam constituir "objectivos de interesse geral" certos fins de protecção de interesses particulares, como assinala FALLON [(n. 1/131 e seg.)].

[46] Ver também, em resultado, WILDERSPIN/LEWIS (n. 12) 33. Cp., no sentido de submeter as normas de Direito Internacional Privado ao mesmo critério de avaliação que é utilizado para o exame de outras "restrições", FALLON (n. 1) 119 e segs.

mas correspondentes do Estado de origem[47]. Estas finalidades não devem ser sacrificadas sempre que tenham alguma incidência, por mais ténue e indirecta que seja, na posição do prestador de serviços.

A orientação seguida, numa primeira fase, pelo TCE, conforma-se com este entendimento. Nos casos *Seco* (1982) e *Rush* (1990)[48], este tribunal, confrontado com restrições à livre prestação de serviços colocadas por normas de Direito público da economia em caso de destacamento temporário de trabalhadores, afirmou em *obiter dictum* que o Direito Comunitário não se opõe a que os Estados-Membros apliquem a sua legislação laboral ou as convenções colectivas de trabalho a todas as pessoas que prestem trabalho subordinado, mesmo que com carácter temporário, no seu território, qualquer que seja o país de estabelecimento da entidade patronal. No caso *Seco* refere-se expressamente que o Estado de acolhimento pode aplicar a sua legislação sobre salário mínimo.

Recentemente, porém, o TCE deu *sinais* de uma mudança de orientação no sentido de qualificar como restrições à livre prestação de serviços as normas laborais do Estado de acolhimento que sejam aplicáveis em caso de destacamento temporário de trabalhadores.

Começarei por referir as decisões proferidas nos casos *Arblade* (1999)[49] e *Mazzoleni* (2001)[50], relativos à aplicação de normas belgas, essencialmente de Direito do Trabalho, a trabalhadores destacados para o seu território.

Nestas decisões o TCE entendeu que as normas nacionais inseridas na categoria de "leis de polícia e de segurança" (normas susceptíveis de aplicação necessária) aplicáveis aos serviços prestados no território do Estado que as edita por pessoas estabelecidas noutros Estados-Membros constituem limites à liberdade de prestação de serviços que só podem ser justificados nos termos do critério atrás referido.

Nesta base, no caso *Mazzoleni*, o TCE decidiu que "os artigos 59.º e 60.º do Tratado não se opõem a que um Estado-Membro obrigue uma empresa estabelecida noutro Estado-Membro que efectue uma prestação de serviços no território do primeiro Estado-Membro a pagar aos seus trabalhadores a remuneração mínima estabelecida pelas normas nacionais

---

[47] Ver também WILDERSPIN/LEWIS (n. 12) 37.
[48] 3/2/1982 e 27/3/1990, respectivamente, disponíveis em http://europa.eu.int.
[49] 23/11/1999 [*CTCE* (1999) I-08453].
[50] 15/3/2001 [*CTCE* (2001) I-02189].

desse Estado. A aplicação de tais regras pode, contudo, revelar-se desproporcionada quando se trate de assalariados de uma empresa estabelecida numa região fronteiriça que sejam conduzidos a efectuar, a tempo parcial e durante breves períodos, uma parte do respectivo trabalho no território de um ou até mesmo vários Estados-Membros que não o de estabelecimento da empresa. Incumbe, em consequência, às autoridades competentes do Estado-Membro de acolhimento determinar se e em que medida a aplicação de uma regulamentação nacional que imponha um salário mínimo a tal empresa é necessária e proporcionada para garantir a protecção dos trabalhadores em causa"[51].

A mesma orientação foi seguida pelo tribunal no caso *Portugaia* (2002), em que se afirma que "Incumbe, por isso, às autoridades nacionais ou, se for caso disso, aos órgãos jurisdicionais do Estado-Membro de acolhimento, antes de aplicarem a regulamentação relativa ao salário mínimo aos prestadores de serviços estabelecidos noutro Estado-Membro, verificar se esta prossegue efectivamente e pelos meios apropriados um objectivo de interesse geral"[52].

Estas decisões não são proferidas à luz da Directiva Relativa ao Destacamento de Trabalhadores[53], por há data da ocorrência dos factos ainda não ter expirado o prazo para a sua transposição e, segundo parece, ainda não terem sido transpostas para a ordem jurídica interna dos Estados em que o trabalho foi executado. Em minha opinião o entendimento seguido pelo TCE entra em contradição com o disposto nesta Directiva, que estabelece que os Estados comunitários devem assegurar, aos trabalhadores destacados para o seu território por uma empresa estabelecida noutro Estado comunitário, a *protecção mínima* concedida pelo seu Direito em certas matérias (arts. 1.º/1 e 3.º)[54].

Na mesma linha, há ainda a referir a decisão proferida pelo TCE no caso *Finalarte* (2001)[55]. Neste caso estava em causa a aplicação, por força

---

[51] N.º 41.

[52] N.º 24, 24/1/2002 [*CTCE* (2002) I-00787]. Sobre esta decisão ver MOURA VICENTE – "Destacamento internacional de trabalhadores", in *Direito Internacional Privado. Ensaios*, vol. I, 85-106, Coimbra, 2002, 96 e seg.

[53] Dir. 96/71/CE do Parlamento Europeu e do Conselho, de 16/12 [*JOCE* L 18/1, de 21/1/97].

[54] Ver, sobre esta Directiva, LIMA PINHEIRO (n. 5) 203 e seg. Cp. MOURA VICENTE (n. 52) 97.

[55] 25/10/2001 [*CTCE* (2001) I-07831].

da lei alemã relativa ao destacamento de trabalhadores, de disposições das convenções colectivas da indústria da construção civil relativas ao direito a férias remuneradas a relações de trabalho existentes entre empresas cuja sede social se situa fora da Alemanha e trabalhadores destacados para obras na Alemanha.

O tribunal qualificou estas disposições como restrições à livre prestação de serviços e apreciou a sua justificação à luz do critério geral anteriormente referido. Neste quadro, o tribunal entendeu que a protecção dos trabalhadores é um fim de interesse geral relevante, e que, por conseguinte, os artigos 59.° e 60.° do Tratado não se opõem a que um Estado--Membro imponha a uma empresa estabelecida noutro Estado-Membro, que efectua uma prestação de serviços no território do primeiro Estado--Membro, uma regulamentação nacional que garante aos trabalhadores destacados para o efeito pela empresa o direito a férias remuneradas, desde que, por um lado, os trabalhadores não beneficiem de uma protecção essencialmente equiparável nos termos da legislação do Estado-Membro de estabelecimento da sua entidade patronal, de modo a que a aplicação da regulamentação nacional do primeiro Estado-Membro lhes proporcione uma vantagem real que contribua significativamente para a sua protecção social e, por outro, que a aplicação dessa regulamentação do primeiro Estado--Membro seja proporcionada ao objectivo de interesse geral prosseguido[56].

Observe-se que neste caso se trata igualmente de normas laborais "autolimitadas" que reclamam aplicação às relações de trabalho prestado na Alemanha mesmo que o contrato de trabalho seja regido por uma lei estrangeira.

As decisões que acabo de examinar também manifestam uma certa tendência para fazer prevalecer as normas sobre a liberdade de prestação de serviços sobre o Direito Internacional Privado dos Estados-Membros. Nestes casos não se trata do Direito de Conflitos geral, mas de normas "autolimitadas" do Estado em que os serviços são prestados[57].

---

[56] O tribunal decidiu ainda que os artigos 59.° e 60.° do Tratado se opõem à aplicação do regime de um Estado-Membro em matéria de férias pagas a todas as empresas estabelecidas noutros Estados-Membros que prestem serviços no sector da construção civil no território do primeiro Estado-Membro, se nem todas as empresas estabelecidas no primeiro Estado-Membro que apenas exercem uma parte da sua actividade neste sector estão sujeitas ao referido regime no que respeita aos seus trabalhadores ocupados no mesmo sector.

[57] Ver MOURA RAMOS (n.1 [2002]) 463 e segs. Sobre os conceitos de "norma autolimitada" e "norma de aplicação necessária" ver LIMA PINHEIRO (n. 1 [2001]) 193 e segs.

Esta jurisprudência não põe directamente em causa as regras gerais de Direito Internacional Privado (incluindo as regras sobre a relevância das normas de aplicação necessária), colocando o problema das restrições às liberdades comunitárias no estádio da aplicação das normas materiais. De todo o modo, sendo a aplicação destas normas materiais a relações transnacionais o efeito da actuação de regras de Direito Internacional Privado, esta jurisprudência pode ser interpretada no sentido do estabelecimento de limites genéricos à actuação de normas de conflitos que desencadeiem a aplicação do Direito privado do Estado destinatário da prestação de serviços. Tal orientação fundamenta-se a meu ver num entendimento equivocado das relações entre o Direito Comunitário e o Direito Internacional Privado.

O equívoco assenta numa confusão entre regimes sobre o acesso e exercício de actividades económicas, que são essencialmente de Direito público e têm incidência directa sobre a liberdade de prestação de serviços, e regimes de Direito privado aplicáveis às relações estabelecidas no exercício dessas actividades.

Os contratos de trabalho não estão necessariamente submetidos à lei do Estado de estabelecimento do empregador. O Direito aplicável resulta do art. 6.º da Convenção de Roma sobre a Lei Aplicável às Obrigações Contratuais que atende à lei escolhida pelas partes e à lei do país em que o trabalho é habitualmente prestado, que pode não ser o país de estabelecimento do empregador[58]. E esta Convenção permite a sobreposição à lei competente de normas de aplicação necessária do Estado do foro (art. 7.º/2)[59].

As normas não-discriminatórias de Direito privado aplicáveis às relações estabelecidas com trabalhadores ou à própria prestação de serviços não constituem, em princípio, restrições no sentido do art. 49.º do mesmo Tratado. Estas normas, ou não têm qualquer incidência sobre o funcionamento do mercado único, ou têm uma incidência demasiado indirecta (maior onerosidade de uma determinada operação económica) que geralmente não tem um efeito significativo sobre o comércio intercomuni-

---

[58] Ver LIMA PINHEIRO (n. 5) 202 e segs.

[59] O art. 7.º/1, que permite a sobreposição de normas de aplicação necessária de terceiros Estados, não vigora na ordem jurídica portuguesa, porquanto Portugal fez a reserva prevista no art. 22.º/1/a da Convenção.

tário[60]. O seu reduzido efeito sobre o comércio intercomunitário é compensado pelas finalidades prosseguidas pelo legislador nacional[61], bem como pela realização da justiça do Direito de Conflitos, que *justifica* a sua aplicação.

A jurisprudência referida admite, apesar de tudo, uma outra interpretação. As normas do Estado de acolhimento dos trabalhadores cuja aplicação estava em causa encontram-se numa zona cinzenta entre o Direito privado e o Direito público e são, normalmente, de aplicação territorial (i.e., aplicáveis a todas as relações de trabalho prestado no território do Estado que as edita). É legítimo pensar que o TCE, partindo do princípio que o prestador de serviços estava submetido a normas correspondentes no Estado de origem, entendeu que a aplicação cumulativa das normas do Estado de acolhimento deveria ser encarada como uma restrição à liberdade de prestação de serviços. É um entendimento, que embora me pareça discutível à luz do Tratado da Comunidade Europeia e incompatível, no caso das decisões *Arblade*, *Mazzoleni* e *Portugaia*, com a Directiva Relativa ao Destacamento de Trabalhadores, não é extensível à generalidade das normas de Direito privado.

Em suma, deve entender-se que as restrições à liberdade de prestação de serviços proibidas pelo Tratado da Comunidade Europeia são, em princípio, as que dizem respeito às normas sobre acesso e exercício de actividades económicas editadas pelo Estado-Membro destinatário da prestação.

Creio que no actual estádio da integração europeia, a aplicação dos regimes de Direito privado do Estado destinatário da prestação de serviços só deve ser considerada como uma restrição à liberdade de prestação de serviços quando estes regimes forem discriminatórios.

Constituem excepção as normas de Direito privado que estejam funcionalmente subordinadas ao regime de acesso e exercício de actividades económicas, designadamente as que estabeleçam uma sanção jurídico-privada para a violação de normas de Direito público da economia[62]. Admito que a aplicação destas normas esteja sujeita ao mesmo crivo que as normas de Direito público da economia.

Não excluo que, com o aprofundamento da integração económica e

---

[60] Ver considerações convergentes de WILDERSPIN/LEWIS (n. 12) 30 e segs..
[61] Ver também WILDERSPIN/LEWIS [32 e segs.].
[62] Ver a referência feita por FALLON (n. 1) 74.

política da Europa, este problema possa ser examinado a uma luz algo diferente.

De iure condendo, parece-me concebível que, caso a integração europeia conduza a um Estado federal, se justifiquem outros limites à aplicabilidade das próprias normas de Direito privado do Estado destinatário da prestação de serviços que possam onerar certas operações económicas. Creio, porém, que para o efeito haverá que desenvolver um critério de ponderação diferente e menos restritivo que o desenvolvido pelo TCE para a legislação de Direito Económico.

Este critério deveria sopesar as finalidades prosseguidas pelas normas de Direito Internacional Privado que atribuam competência a leis do Estado destinatário da prestação de serviços, bem como as finalidades prosseguidas por estas leis, por um lado, e, no outro prato da balança, as dificuldades que essas leis criam para o prestador de serviços e o efeito prejudicial daí eventualmente resultante para o comércio intercomunitário.

IV. Direito de conflitos e directiva sobre o comércio electrónico

No que toca à liberdade de prestação de serviços no domínio do comércio electrónico importa ainda averiguar da incidência conflitual da Directiva sobre o Comércio Electrónico[63].

O n.º 4 do art. 1.º desta Directiva determina que a "presente directiva não estabelece normas adicionais de Direito Internacional Privado".

No entanto, o art. 3.º/1 estabelece que: "Cada Estado-Membro assegurará que os serviços da sociedade da informação prestados por um prestador estabelecido no seu território cumpram as disposições nacionais aplicáveis nesse Estado-Membro que se integrem no domínio coordenado".

Também o considerando 22.º afirma que os serviços "devem estar sujeitos, em princípio, à legislação do Estado-Membro em que o prestador se encontra estabelecido". Daí afirmar-se que a Directiva consagra o "princípio do país de origem".

Não haveria contradição entre os arts. 3.º e 1.º/4 se o domínio coordenado se limitasse ao Direito Económico, designadamente ao regime de acesso e exercício da actividade. Com efeito, a aplicação das normas de Direito Económico não depende das normas de Direito Internacional Pri-

---

[63] Dir. 2000/31/CE, do Parlamento e do Conselho, de 8/6/2000 [JOCE L 178 de 17/7/2000, p. 1].

vado. O "princípio do país de origem" valeria apenas para a aplicação das normas de Direito público da economia com incidência sobre a liberdade de prestação de serviços.

A Directiva, porém, não segue este critério por forma coerente.

Primeiro, ao definir o "domínio coordenado", a Directiva utiliza uma formulação excessivamente ampla, uma vez que inclui "as exigências que o prestador de serviços tem de observar" "incluindo as aplicáveis (...) aos contratos, ou as respeitantes à responsabilidade do prestador de serviços".

Segundo, o alcance dos n.os 1 e 2 do art. 3.º é restringido pelo seu n.º 3, que afasta a sua aplicação a um conjunto de domínios referidos em anexo, incluindo os direitos de propriedade intelectual, a "liberdade de as partes escolherem a legislação aplicável ao seu contrato", as "obrigações contratuais relativas a contratos celebrados pelos consumidores" e a "validade formal dos contratos que criem ou transfiram direitos sobre bens imóveis, sempre que esses contratos estejam sujeitos a requisitos de forma obrigatórios por força da lei do Estado-Membro onde se situa o imóvel".

Esta enumeração é incoerente por várias razões.

Desde logo, a liberdade de escolha do Direito aplicável ao contrato não é um "domínio", mas uma regra de conflitos. Se a Directiva não contém normas de Direito Internacional Privado não afasta as regras de conflitos em matéria de contratos obrigacionais e, por conseguinte, a referência a esta norma de conflitos é despicienda. Se, pelo contrário, a Directiva pretendesse estabelecer uma norma de conflitos (o "princípio do país de origem") em matéria de obrigações contratuais, salvo as relativas aos contratos celebrados pelos consumidores, esta referência não se entenderia.

A referência às obrigações contratuais relativas a contratos celebrados pelos consumidores, sugerindo uma diferença de tratamento relativamente às restantes obrigações contratuais, entra em contradição com o disposto no art. 1/.º4, uma vez que a lei aplicável à generalidade dos contratos é determinada por normas de Direito Internacional Privado.

Não menos incoerente é a referência à "validade formal dos contratos que criem ou transfiram direitos sobre reais sobre bens imóveis". A lei aplicável à validade formal dos contratos é determinada por normas de Direito Internacional Privado, quer tenham ou não por objecto bens imóveis[64]. Seria aliás impensável que a validade formal de um contrato cele-

---

[64] Ver art. 9.º da Convenção de Roma sobre a Lei Aplicável às Obrigações Contratuais.

brado por um prestador de serviços estivesse submetida à lei do Estado em que ele se encontra estabelecido, independentemente da lei aplicável à substância do contrato e da lei do lugar da celebração. Por conseguinte, o art. 3.º/1 não é aplicável à validade formal de quaisquer contratos, o que torna a referência inútil.

Enfim, não é excluída a responsabilidade civil do prestador de serviços, o que entra em contradição com o art. 1.º/4, uma vez que a lei aplicável à responsabilidade civil é designada por normas de Direito Internacional Privado[65].

Na verdade, a Directiva é contraditória, revelando-se mais uma vez a falta de clareza na delimitação entre os regime das liberdades comunitárias e o Direito de Conflitos Internacional Privado e, mais em geral, um certo alheamento de noções e princípios básicos de Direito Internacional Privado.

A explicação para estas contradições reside, segundo a informação que tenho, na circunstância de o art. 1.º/4 ter sido introduzido no último momento das negociações que antecederam a adopção da Directiva pelo Conselho, como condição fundamental para a sua aprovação, sem que tenha havido tempo para corrigir o anexo. Com a introdução do art. 1.º/4 o legislador comunitário quis afastar qualquer derrogação do Direito de Conflitos geral (e, designadamente, das normas da Convenção de Roma sobre a Lei Aplicável às Obrigações Contratuais e de futuros regulamentos comunitários) pelo princípio do país de origem.

A esta luz, parece claro que estas contradições devem ser resolvidas com primazia do art. 1.º/4, que este preceito é basilar para a interpretação e para a transposição da Directiva e que as exclusões equívocas que constam do anexo não devem ser transpostas.

A regra geral consagrada no n.º 1 do art. 4.º vai ao encontro do entendimento atrás defendido sobre a relação entre a liberdade comunitária de prestação de serviços e o Direito de Conflitos Internacional Privado (III), segundo o qual a liberdade de prestação de serviços não condiciona, em princípio, o Direito de Conflitos Internacional Privado.

Como ficou assinalado, a livre circulação de serviços não implica a competência do Direito do Estado de origem para reger o contrato ou a responsabilidade extracontratual[66]. O princípio do país de origem vale

---

[65] Ver art. 45.º do Código Civil.

[66] Ver LIMA PINHEIRO – "Direito aplicável à responsabilidade extracontratual na *Internet*", *RFDUL* 42 (2001) 825-834, 833 e seg, Michael WILDERSPIN e Xavier LEWIS –

quando muito para as normas de Direito público da economia com incidência sobre a liberdade de prestação de serviços[67].
Isto é, porém, qualificado por três ordens de considerações.
Em primeiro lugar, não se exclui que o art. 3.º da Directiva seja interpretado no sentido de afastar a aplicação das normas de Direito material da lei competente na medida em que estas regras constituam "restrições" injustificadas à liberdade de prestação de serviços[68]. A favor desta interpretação pode ser invocado o 23.º Considerando da Directiva sobre Comércio Electrónico segundo o qual, nas versões francesa, inglesa e alemã, "O disposto na legislação aplicável por força das normas de conflitos do Direito Internacional Privado não deve restringir a liberdade de

---

"Les relations entre le droit communautaire et les règles de conflits de lois des États membres", *R. crit.* 91 (2002) 1-37 e 289-313, 302 e segs. e MARQUES DOS SANTOS – "Direito aplicável aos contratos celebrados através da Internet e tribunal competente", *Estudos de Direito Internacional Privado e de Direito Público*, 159-225, Coimbra, 2004, 211 e segs. Ver ainda doutrina referida por M. FALLON e J. MEEUSEN – "Le commerce électronique, la directive 2000/31/CE et le droit international privé", *R. crit.* 91 (2002) 435-490, 480 n. 99.

[67] Cf. CALVO CARAVACA/CARRASCOSA GONZÁLEZ – *Conflictos de leyes y conflictos de jurisdicción en Internet*, Madrid, 2001, 34 e seg., LIMA PINHEIRO [loc. cit.] e ROPHOLLER (n. 10) 450 e seg. Cp., no sentido da aplicação do princípio do país de origem às matérias de Direito privado abrangidas pelo "domínio coordenado", Emmanuel CRABIT – "La directive sur le commerce électronique. Le projet 'Mediterranée'", *R. Droit de l'Union Européenne* (4/2000) 749-833 (administrador principal na Direcção-Geral do Mercado Interior da Comissão Europeia, que vem defender uma interpretação da Directiva que corresponde ao projecto elaborado por esta Direcção-Geral que foi recusado pelo legislador comunitário através da inclusão do art. 1.º/4 na versão final); doutrina referida por FALLON/MEEUSEN (n. 66) 481 n. 100; MOURA VICENTE – "Comércio electrónico e responsabilidade empresarial", *in Direito Internacional Privado. Ensaios*, vol. I, 193-239, Coimbra, 2002, 218 e segs. FALLON/MEEUSEN defendem uma solução intermédia [484 e segs.]: no Estado de origem o princípio do país de origem determina, na falta de escolha pelas partes, a lei aplicável aos aspectos do contrato que entram no domínio coordenado; no Estado de acolhimento aplicam-se as regras de conflitos gerais, limitando-se a Directiva a vedar a aplicação das regras de Direito material que constituam uma restrição à circulação de serviços. Também Peter MANKOWSKI – "Herkunftslandprinzip und deutsches Umsetzungsgesetz zur E-commerce-Richtlinie", *IPRax* 22 (2002) 257-266, que exclui o Direito de Conflitos dos contratos obrigacionais do âmbito de aplicação do princípio do país de origem. De resto a Directiva não parece impedir em absoluto a aplicação de normas de Direito económico do país em que o serviço é prestado (cf. arts. 1.º/3 e 3.º/4).

[68] Como sugerem WILDERSPIN/LEWIS [loc. cit.] e MARQUES DOS SANTOS [loc. cit.], invocando, a este respeito, o "princípio do reconhecimento mútuo".

prestar serviços da sociedade da informação nos termos constantes da presente Directiva"[69]. Mas isto só pode suceder muito excepcionalmente, visto que a aplicação de normas de Direito privado não conduz, em princípio, a uma restrição da liberdade de prestação de serviços (*supra* III).

Segundo, pode ser questionado se o art. 3.º/1 não fundamenta uma conexão especial relativamente às regras jurídico-privadas contidas na Directiva, por forma a que cada Estado-Membro deva determinar a aplicação das suas normas de transposição da directiva às prestações de serviços por prestadores estabelecidos no seu território[70]. A meu ver não é possível dar uma resposta genérica a esta questão.

Relativamente ao regime aplicável aos contratos celebrados através da *Internet*, a Directiva só contém algumas regras fragmentárias sobre a admissibilidade de contratos celebrados por meios electrónicos, deveres de informação e ordens de encomenda. A conexão "lei do país de estabelecimento do prestador de serviços" não é adequada a estas regras.

Também não se encontra na Directiva um regime aplicável à responsabilidade extracontratual mas tão-somente algumas regras fragmentárias sobre a responsabilidade dos prestadores intermediários de serviços. É concebível que as normas que transponham a Directiva na ordem jurídica de um Estado-Membro, sobre a responsabilidade dos prestadores intermediários de serviços estabelecidos no seu território, se sobreponham à lei competente[71].

Enfim, a Directiva contém algumas disposições específicas sobre as normas de protecção dos consumidores[72].

O n.º 3 do art. 1.º determina que a Directiva não prejudica o nível de protecção dos interesses dos consumidores, "tal como consta dos actos comunitários e da legislação nacional de aplicação destes, na medida em que não restrinjam a liberdade de prestação de serviços da sociedade da informação". Como já se assinalou, o n.º 3 do art. 3.º determina a não aplicação dos n.ºs 1 e 2 "às obrigações contratuais relativas aos contratos cele-

---

[69] Na versão portuguesa lê-se que o "disposto na legislação aplicável por força das normas de conflitos do Direito Internacional Privado *não restringe* a liberdade de prestar serviços" (s.n.), mas trata-se claramente de uma lapso de tradução.

[70] Ver também FALLON/MEEUSEN (n. 66) 489 e seg.

[71] Neste sentido, LIMA PINHEIRO (n. 66) 834.

[72] Ver também DIAS PEREIRA – "A protecção do consumidor no quadro da Directiva sobre o Comércio Electrónico", *Estudos de Direito do Consumo*, n.º 2, 2000, 102 e segs.

brados pelos consumidores". Esta exclusão, embora de duvidosa utilidade perante o disposto no art. 1.º/4, torna claro que a Directiva não prejudica a aplicação de normas jurídico-privadas de protecção dos consumidores, independentemente de se tratar ou não de normas de aplicação de actos comunitários.

O legislador comunitário volta a referir-se a "medidas de defesa dos consumidores" no n.º 4 do art. 3.º, admitindo que um Estado-Membro adopte medidas que em derrogação do n.º 2 restrinjam a livre circulação de serviços, desde que tendo solicitado ao Estado-Membro do país em que o prestador de serviços está estabelecido a sua adopção, este não tenha tomado medidas adequadas, e após notificação a este Estado-Membro e à Comissão. As medidas em causa têm de ser proporcionais ao objectivo de defesa dos consumidores (art. 3.º/4/a/iii). Como o n.º 2 não se aplica às normas jurídico-privadas de protecção dos consumidores, o n.º 4 só pode ter em vista Direito público de protecção do consumidor. Esta disposição mostra que o princípio do país de origem se aplica ao Direito público de protecção do consumidor que tenha incidência na livre prestação de serviços, mas com importantes limitações.

O DL n.º 7/2004, de 7/1, que visa transpor a Directiva, não esclarece estes problemas de Direito Internacional Privado e, no que toca ao regime dos contratos e à responsabilidade extracontratual, só contém algumas regras fragmentárias[73].

O art. 4.º/1 submete "integralmente" "à lei portuguesa relativa à actividade que exercem" os prestadores de serviços da sociedade da informação estabelecidos em Portugal "mesmo no que concerne a serviços da sociedade da informação prestados noutro país comunitário". O art. 5.º/1 determina que aos prestadores de serviços da sociedade da informação não estabelecidos em Portugal mas estabelecidos noutro Estado-Membro é aplicável "exclusivamente no que respeita a actividades em linha, a lei do lugar do estabelecimento" ao "exercício, nomeadamente no que respeita à qualidade e conteúdo dos serviços, à publicidade e aos contratos."

Subsiste dúvida sobre se esta regra do país de origem vale apenas para as normas sobre acesso e exercício da actividade e, eventualmente, para normas de Direito privado contidas no diploma, ou pretende introduzir um desvio às regras gerais sobre o Direito aplicável aos contratos e à responsabilidade extracontratual

---

[73] Para um panorama das leis de transposição de outros Estados-Membros ver FALLON/MEEUSEN (n. 66) 481 e seg.

Por diversas razões, creio que se deve seguir o entendimento primeiramente referido.

Visto que o diploma visa transpor a Directiva, questões duvidosas devem ser resolvidas por uma interpretação conforme a Directiva. Por conseguinte, o entendimento defendido perante a Directiva vale também para este diploma, bem como a crítica formulada com respeito à inadequação da conexão "lei do país do estabelecimento do prestador de serviços" com respeito à aplicação das normas sobre contratação electrónica. Esta é, a meu ver, a consideração fundamental. Mas há outras razões pelas quais parece claro que as regras sobre aplicação no espaço contidas no diploma se limitam ao Direito Económico e, eventualmente, a normas jurídico-privadas nele contidas.

O art. 5.º/3 determina que "os serviços de origem extra-comunitária estão sujeitos à aplicação geral da lei portuguesa, ficando também sujeitos a este diploma em tudo o que não for justificado pela especificidade das relações intra-comunitárias". As excepções do art. 6.º não se aplicam a este preceito. Segundo uma interpretação literal este preceito submeteria à lei portuguesa todos os serviços de origem extra-comunitária do mundo, independentemente do lugar da prestação ou da localização do beneficiário. Mas parece evidente que o preceito não pode ser entendido neste sentido.

Por um lado, o preceito só pode ser aplicado a prestações de serviços que têm uma conexão com Portugal, possivelmente aos serviços prestados em Portugal ou prestados em linha a pessoas que acedem à rede em Portugal.

Por outro lado, uma interpretação que visse aqui uma regra de conflitos sobre o Direito aplicável ao contrato conduziria ao seguinte resultado absurdo: os contratos intra-comunitários estariam submetidos ao Direito escolhido pelas partes ou, na omissão das partes, ao Direito do país de origem; os contratos extra-comunitários estariam imperativamente sujeitos ao Direito do país de destino. Além disso, a sujeição dos contratos extra-comunitários ao Direito privado do país de destino representaria uma contradição normativa com o Direito de Conflitos geral, que submete os contratos à lei escolhida pelas partes e, na falta de escolha, manda aplicar a lei do país com que o contrato apresenta conexão mais estreita, presumindo que há uma conexão mais estreita com o país em que o prestador de serviços está estabelecido (arts. 3.º e 4.º da Convenção de Roma sobre a Lei Aplicável às Obrigações Contratuais). Esta regra é aplicável, por exemplo, ao fornecedor de serviço telefónico por satélite, que está em posição inteiramente análoga à do fornecedor de acesso à *Internet*.

A única interpretação que se afigura razoável é a de que o âmbito de aplicação da "lei portuguesa" referida no art. 5º/3 (bem como no art. 4.º/1) é o regime de acesso e exercício de actividades económicas; por força da sua segunda parte, parece defensável que o art. 5.º/3 determina ainda a aplicação das normas jurídico-privadas contidas no diploma, que não sejam justificadas pela especificidade das relações intra-comunitárias, como normas de aplicação necessária.

O art. 6.º/e exclui do âmbito de aplicação desses preceitos a "matéria disciplinada por legislação escolhida pelas partes no uso da autonomia privada". Que sentido útil se pode atribuir a esta exclusão? Os arts. 4.º/1 e 5.º/1 não introduzem desvios às regras de conflitos gerais em matéria de contratos obrigacionais e, por isso, "a matéria disciplinada por legislação escolhida pelas partes" está por natureza excluída do seu âmbito de aplicação. Por outro lado, seria contrário à finalidade da Directiva e do diploma de transposição que através de uma escolha da lei de um país terceiro fosse possível afastar a aplicação das normas imperativas de protecção do beneficiário da prestação de serviços que resultam da transposição da Directiva. Por isso, a esta exclusão só pode ser atribuído um sentido útil: a reafirmação de que a Directiva, bem como o diploma que a transpõe, não estabelece qualquer desvio às regras de conflitos gerais sobre a determinação do Direito aplicável aos contratos.

Por último, é de observar que uma interpretação do DL n.º 7/2004 no sentido de consagrar o princípio do país de origem em matéria de lei aplicável aos contratos obrigacionais seria incompatível com a Convenção de Roma sobre a Lei Aplicável às Obrigações Contratuais. O disposto na Convenção prevaleceria sobre as normas internas enquanto fonte hierarquicamente superior. O art. 20.º da Convenção de Roma, que concede primazia às disposições estabelecidas nas legislações nacionais harmonizadas em execução de actos comunitários, não seria aplicável visto que se trataria de normas internas que vão além do estabelecido pela Directiva[74].

---

[74] Ver também WILDERSPIN/LEWIS (n. 12) 310 e seg.

DIREITO AO NOME,
DIREITO INTERNACIONAL PRIVADO
E DIREITO COMUNITÁRIO*

Rui Manuel Moura Ramos, Coimbra**

1. As minhas primeiras palavras são para agradecer à Faculdade de Direito da Universidade de Lisboa, e nomeadamente ao senhor professor doutor Luís de Lima Pinheiro, o amável convite que me foi dirigido para intervir nesta sessão. Quero sublinhar que é com muito gosto que aqui me encontro e que participo assim na reflexão que com a realização deste Seminário se pretende levar a cabo.

Depois, gostaria de, também pela minha parte, e assim me associando aos votos que por mais de uma vez ouvimos ao longo das sessões de ontem, felicitar o professor Lima Pinheiro pela organização deste Seminário, o primeiro que se realiza entre nós sobre a questão, hoje uma das mais interessantes e decisivas no desenvolvimento da nossa disciplina, da "comunitarização" do direito internacional privado, e pela ocasião por ele propiciada de uma discussão ampla, aberta e aprofundada sobre os problemas que ela suscita.

Não quero por outro lado deixar de cumprimentar os ilustres colegas com quem partilho a mesa nesta sessão final: em primeiro lugar, a senhora

---

* O presente texto reproduz o essencial da comunicação sobre o tema em epígrafe, apresentada pelo autor no Seminário sobre a Comunitarização do Direito Internacional Privado, realizado em Lisboa a 7 e 8 de Maio de 2004, e cujas actas se reunem no presente volume, conservando pois o carácter oral da intervenção então proferida.

Uma versão mais desenvolvida deste trabalho será publicada posteriormente nos *Estudos em memória do Prof. Doutor António Marques dos Santos*.

** Faculdade de Direito de Coimbra e Tribunal Constitucional.

professora doutora Isabel de Magalhães Collaço, presentemente a decana dos internacionalprivatistas portugueses, que me honrou com a sua participação activa nos júris das minhas provas académicas, quer de doutoramento quer de agregação, e com quem tantas vezes trabalhei, no país como no estrangeiro, e que preside aos nossos trabalhos. E ainda, a doutora Maria Helena Brito, a quem me ligam laços muito fraternos e com quem tenho depois de algum tempo a grata oportunidade de trabalhar de forma mais estreita, e o professor Paul Lagarde, mestre e amigo de hoje e de sempre, a quem fiquei a dever ao longo do tempo preciosos conselhos e incentivos, que comigo repartem o encargo das intervenções finais deste seminário.

Finalmente, quereria ainda evocar dois nomes que infelizmente já não podem estar entre nós. O professor Ferrer Correia, referência incontornável dos internacionalprivatistas portugueses no século que findou, que nos deixou há menos de meio ano, e que, informado da realização deste seminário tinha manifestado o gosto que teria em estar connosco. E o doutor Marques dos Santos, que recordo com saudade nesta sua casa, e que inopinadamente foi retirado ao nosso convívio há um ano já, quando tanto havia ainda a esperar do seu saber e da sua dedicação à nossa disciplina. Curvo-me pois perante as suas memórias, não sem esperar que o seu exemplo frutifique entre nós.

2. Gostaria agora de dizer algo sobre o tema da minha intervenção – direito ao nome, direito internacional privado e direito comunitário – como que justificando o lugar e o porquê de um tratamento do direito ao nome no quadro dos nossos trabalhos, dedicados à "comunitarização" do direito internacional privado. Creio que se justifica uma palavra a este propósito, atento o sentido mais corrente, e que imediatamente ocorre, da expressão "comunitarização do DIP", que é o da substituição de fontes nacionais (essencialmente das regras de conflitos de origem nacional) por normas de origem comunitária.

Tal decorre, como sabemos, da existência de regras de conflitos que se encontram dispersas por instrumentos comunitários de vários tipos [regulamentos, directivas ou até convenções com um estatuto particular – as convenções comunitárias previstas no actual artigo 293.° do Tratado CE (antigo artigo 220.°) e que já foram ou estão em vias de ser transformadas em regulamentos]. Ora há que recordar que o direito ao nome não foi até agora objecto de regras deste tipo. Pelo contrário, pode dizer-se que a regulamentação do direito ao nome nas relações privadas internacionais continua a ser unicamente objecto de regras de conflitos nacionais e de preceitos contidos nos instrumentos clássicos de direito internacional. De resto, e no que toca ao direito material, ou seja, à disciplina substancial do nome, isto mesmo foi recentemente reconhecido pelo Tribunal de Justiça no ponto 25 do acórdão *Garcia Avello*, nos termos do qual "embora no estado actual do direito comunitário, as normas que regulam o apelido de uma pessoa sejam da competência dos Estados-Membros, estes últimos devem, não obstante, no exercício dessa competência, respeitar o direito comunitário". E no que toca ao direito internacional privado é também verdade que nem a generosa interpretação que as autoridades comunitárias fizeram do actual artigo 65.° do Tratado CE, tal como ela se nos oferece no Plano de Acção de Viena e nos documentos saídos da cimeira de Tampere (a que o dr. Mário Tenreiro se referiu na sua intervenção de ontem), incluía nos programas de actividades a desenvolver nos próximos anos esta questão. É assim verdade que nos encontramos a este propósito fora do domínio do direito comunitário, mesmo considerando os desenvolvimentos que para um futuro próximo se avizinham.

Por outro lado, se é esta a situação que se vive a este respeito, há que não esquecer que este domínio, o do nome das pessoas em direito internacional privado, se insere num conjunto de questões em relação às quais é sabido que são maiores as resistências na comunidade científica no que toca ao exercício de uma competência comunitária.

Na verdade, se a doutrina tende a reconhecer geralmente a vantagem do desenvolvimento de regras de conflitos de jurisdições pelo legislador comunitário, já a criação de regras de conflitos de leis não é sempre olhada de forma igualmente favorável. Não estou a pensar nas questões de direito patrimonial, em relação às quais se encontram previstas regras de conflitos no próximo Regulamento dito Roma II, sobre a lei aplicável às obrigações extracontratuais, como igualmente no futuro Regulamento designado Roma I, que substituirá a Convenção actualmente existente em sede de lei aplicável às obrigações contratuais, mas nas de natureza pessoal. Se é certo que os programas de acção comunitários prevêm a elaboração de um instrumento em matéria de divórcio, e que aos trabalhos em curso em matéria de sucessões e de regimes matrimoniais se fará referência dentro em pouco, na comunicação do professor Paul Lagarde, há que não esquecer que sectores relevantes da doutrina continuam a defender a indesejabilidade (ou pelo menos a desnecessidade) de uma intervenção comunitária, em sede de conflito de leis, no domínio do direito das pessoas e da família – recordo a este propósito, entre outras tomadas de posição, as teses defendidas por Helène Gaudemet-Tallon, quer na contribuição que escreveu no Livro de Homenagem à professora Isabel de Magalhães Collaço, quer em obra recentemente publicada em França no quadro das comemorações do bicentenário do *Code Civil*.

3. No entanto, ainda que não existam, por enquanto, nem se encontrem previstas, intervenções do legislador comunitário neste domínio, outra coisa, e bem diferente, é não se verificar, nas soluções existentes nesta matéria e na sua aplicação, a influência das regras e princípios de direito comunitário.

É a este propósito que o termo "comunitarização" pode aqui ser utilizado, para referir o impacto do direito comunitário sobre a nossa disciplina, impacto que se apresenta em termos algo semelhantes ao de um outro que foi sobretudo discutido vai para quatro décadas – o do direito constitucional, igualmente sobre a nossa matéria. Não evidentemente que o direito internacional privado tivesse então passado a ser objecto de regras de direito constitucional, apesar de a questão ter sido posta nestes precisos termos pela doutrina estadunidense – "Has the conflict of laws become a part of the Constitution?", é o título de um conhecido ensaio de Ross –, mas no sentido de que os valores e princípios de direito constitucional passaram também a ser considerados, desde essa época, e de forma praticamente unânime, como ideias-força cuja consideração se impunha igualmente no quadro do direito internacional privado.

Basta recordar a este propósito o acórdão de 4 de Maio de 1971 do *Bundesverfassungsgericht* no célebre *Spanierfall*, a discussão doutrinária que suscitou e as diversas decisões judiciais das jurisdições constitucionais (e ordinárias) italiana e alemã da década de oitenta do século que findou, bem como as reformas legislativas – e, se me permitem, primeiro que todas a reforma portuguesa da década de setenta (1977) – que expressamente visaram afastar, em diversos ordenamentos jurídicos, as conexões contrárias à Constituição.

É neste sentido e a este propósito que tem interesse verificar se e em que medida quer as regras de conflitos quer o resultado da sua aplicação (decorrente portanto da aplicação de regras materiais), em matéria de nome, podem ser afastados ou devem ser desconsiderados, por afrontarem princípios ou valores fundamentais, não agora da ordem jurídico--constitucional mas do sistema comunitário Trata-se pois aqui do impacto deste ramo de direito, ou dos seus princípios essenciais, vistos enquanto *supreme law,* sobre o direito internacional privado do nome, na medida em que as regras existentes a este propósito, ou as normas materiais a que a sua aplicação conduz, sofrem a influência daquele sistema. O ponto afigura-se pacífico para o Tribunal de Justiça, que no acórdão *Garcia Avello* afirmou expressamente, como acima sublinhámos, o dever dos Estados de respeitar, no exercício da sua competência de regulação do apelido das pessoas, o direito comunitário.

4. Vejamos então agora os termos em que a jurisprudência comunitária se tem ocupado deste problema. Numa primeira decisão, já antiga, de 1993, o Tribunal de Justiça pronunciou-se sobre a questão de saber se um nacional de um Estado-Membro das Comunidades Europeias que exerce uma actividade profissional a título autónomo ou dependente é lesado nos direitos que para si resultam do direito comunitário pelo facto de ser obrigado, noutro Estado-Membro, a admitir contra a sua vontade declarada a inscrição do seu nome no registo civil do país de acolhimento segundo uma grafia não conforme à transcrição fonética e tal que a pronúncia do seu nome resultava alterada e deturpada; em concreto, de tal modo que o nome grego Christos Konstantinides (tradução fonética directa) passava a ser "Hréstos Kónstantinidés". Numa motivação particularmente sumária, o Tribunal de Justiça limitou-se a recordar a este propósito que o direito de estabelecimento implica o respeito da equiparação dos nacionais dos Estados-Membros aos próprios nacionais e a proibição de qualquer discriminação em razão da nacionalidade. Donde se impunha examinar se as regras nacionais relativas à transcrição em caracteres latinos do nome de um nacional grego no registo civil do Estado-Membro em que ele se estabelecera eram susceptíveis de o colocar numa situação de direito ou de facto desvantajosa em relação à situação existente, nas mesmas circunstâncias, para um nacional desse Estado-Membro.

O Tribunal reafirmou então a competência estadual em matéria de transcrição do nome das pessoas nos registos nacionais do estado civil, acrescentando contudo que devem ser consideradas incompatíveis com o artigo 52.º as regras pertinentes em vigor no Estado-Membro de acolhimento (tratava-se na circunstância de regras de origem convencional, constantes da Convenção relativa à indicação dos nomes próprios e apelidos no registo civil, de 13 de Setembro de 1973 – Convenção n.º 19 da Comissão Internacional do Estado Civil (CIEC) –, cujo artigo 3.º prescrevia a aplicação da norma ISO-18 e previa uma transliteração) na medida em que a sua aplicação crie para um nacional grego um entrave tal que prejudique de facto o livre exercício do direito de estabelecimento.

E é a essa constatação que o Tribunal de Justiça chega, ao entender que tal ocorre quando a legislação do Estado de estabelecimento obrigar um nacional grego a utilizar, no exercício da sua profissão, uma grafia do seu nome resultante da transliteração no registo civil, se tal grafia provocar a deformação da pronúncia do nome e esta deturpação expuser o interessado ao risco de uma confusão de pessoas junto da sua potencial clientela.

O Tribunal de Justiça controla assim o resultado da aplicação de determinadas regras materiais, aliás constantes de uma convenção internacional, que previam a aplicação de uma dada norma técnica (a referida norma ISO-18) em sede de transliteração. Tal resultado (a obrigação da utilização de um nome com uma grafia que provoca a deformação da sua pronúncia em termos de a deturpação daí resultante expor o interessado ao risco de confusão de pessoas junto da sua potencial clientela) é assim considerado como constituindo um entrave que prejudica o direito de estabelecimento.

O afastamento do direito material aplicável é pois justificado pela circunstância de os efeitos da sua aplicação provocarem uma limitação do direito de estabelecimento contrária às regras do Tratado, num raciocínio que pode lembrar, nos quadros da nossa disciplina, o da contrariedade à ordem pública internacional das regras de um sistema jurídico estrangeiro tido por competente ou da aplicação directa das regras do sistema do foro relativas à protecção dos direitos fundamentais na ordem jurídico-privada.

5. Numa segunda decisão proferida já mais perto de nós, em 2003, o Tribunal de Justiça ocupou-se directamente das regras materiais relativas à constituição do nome.

No já referido caso *Garcia Avello*, as autoridades belgas haviam negado a um casal plurinacional (em que o cônjuge de sexo masculino era um cidadão espanhol e o de sexo feminino uma cidadã belga), residente na Bélgica, a possibilidade de alterar o apelido patronímico dos seus dois filhos binacionais (por possuírem quer a nacionalidade belga quer a espanhola), que haviam sido registados na Bélgica com o nome patronímico do pai (Garcia Avello) como apelido de família. O pedido, feito conjuntamente pelos dois cônjuges na qualidade de representantes dos seus filhos menores, no sentido de possibilitar que as crianças tivessem um duplo apelido, composto, segundo a prática espanhola, pelo primeiro apelido do pai seguido do da mãe (Webwe), de forma a corresponder ao registo consular feito na Embaixada de Espanha na Bélgica, foi apreciado à face da lei material belga, competente, nos termos do artigo 3.º, parágrafo 3, do Código Civil belga, para regular a matéria do estado e da capacidade dos cidadãos belgas, mesmo se residentes no estrangeiro. E isto porque as autoridades belgas, no caso de uma pessoa possuir igualmente outra ou outras nacionalidades além da belga, fazem prevalecer esta última, em aplicação da regra de origem consuetudinária codificada pelo artigo 3.º da Convenção da Haia de 12 de Abril de 1930, sobre determinadas questões relativas aos conflitos de leis sobre a nacionalidade, segundo o qual "um indivíduo que possua duas ou mais nacionalidades pode ser considerado nacional por cada um dos Estados cuja nacionalidade possui". E se bem que a ordem jurídica belga preveja a possibilidade de alteração do nome próprio e do apelido, designadamente quando para tal exista um motivo sério, quando os apelidos solicitados se não prestem a confusão nem sejam susceptíveis de prejudicar o requerente ou terceiros, o certo é que as autoridades belgas, depois de proporem que o apelido fosse alterado no sentido de incluir apenas o primeiro apelido do pai, o que foi recusado pelos requerentes, indeferiram o pedido. Entenderam na verdade que não existiam motivos suficientes para a alteração requerida, acrescentando que, "habitualmente, todos os pedidos de alteração no sentido de, no nome de uma criança, o apelido da mãe figurar juntamente com o do pai são indeferidos, porque, na Bélgica, os filhos usam o apelido do pai".

A alteração proposta pelas autoridades belgas, no sentido da utilização apenas do primeiro apelido do pai, parece corresponder à prática administrativa deste país nos casos de dupla nacionalidade, destinando-se alegadamente a atenuar os inconvenientes ligados a esta situação. É certo que se tem admitido neste Estado que o nome seja atribuído de acordo com uma lei estrangeira (da nacionalidade), quando existam poucos factores de ligação à Bélgica (o que não seria o caso na situação em questão, em que os menores, para além de possuírem a nacionalidade belga residiam e tinham nascido neste país), nomeadamente se a família tivesse vivido num país estrangeiro onde a criança houvesse sido registada com um duplo apelido, e isto para não prejudicar a sua integração. E que, mais recentemente, a prática revelaria uma maior flexibilização, em ordem a restabelecer a unidade do apelido no seio da família, nos casos em que um primeiro filho, de nacionalidade espanhola, possuía um duplo apelido, do pai e da mãe, em conformidade com o direito espanhol, enquanto o segundo filho, de nacionalidade belga e espanhola, possuía o duplo apelido paterno, nos termos do direito material belga que prescreve a adopção pela criança do apelido do pai, salvo se este estiver casado e reconhecer a criança como tendo sido concebida, durante o matrimónio, por outra mulher que não o seu cônjuge. Mas a situação em apreço não correspondia a nenhuma destas hipóteses e o pedido foi rejeitado, como referimos, o que suscitaria um pedido de anulação, pelos requerentes, desta decisão, processo em que o Tribunal de Justiça seria chamado a pronunciar-se a título prejudicial.

O Tribunal de Justiça começou por estabelecer a relevância do direito comunitário para regular a situação em análise, sublinhando que as situações relativas ao exercício das liberdades fundamentais garantidas pelo Tratado, nomeadamente as que se enquadram no exercício da liberdade de circular e residir no território dos Estados-Membros, se inserem no domínio de aplicação *ratione materiae* do direito comunitário. E, reconhecendo embora que, no estado actual do direito comunitário, as normas que regulam o apelido de uma pessoa são da competência dos Estados--Membros, realçou, como atrás já referimos, que estes devem, no exercício dessa competência, respeitar o direito comunitário. E apesar de considerar que a cidadania da União, no âmbito da qual se insere (artigo 18.° do Tratado CE) a liberdade de circular e residir no território dos Estados--Membros, não tem por objectivo alargar o âmbito de aplicação material do Tratado a situações internas sem qualquer conexão com o direito comunitário, adiantaria que tal conexão existia em relação a pessoas em situação idêntica à dos filhos de Garcia Avello, por se tratar de nacionais de um Estado-Membro (a Espanha) a residir legalmente no território de outro Estado-Membro (a Bélgica). E precisou que uma tal conclusão não era prejudicada pelo facto de os interessados possuírem igualmente a nacionalidade do Estado-Membro onde residiam desde que nasceram (a Bélgica), nacionalidade esta que, segundo as autoridades deste Estado, é por esse motivo a única por elas reconhecida. Neste sentido, recordou que não cabe a um Estado-Membro restringir os efeitos da aquisição da nacionalidade de outro Estado-Membro, exigindo um requisito suplementar para o reconhecimento dessa nacionalidade com vista ao exercício das liberdades fundamentais previstas no Tratado, sublinhando ainda que o já referido artigo 3.° da Convenção da Haia se limita a conter uma faculdade, e não uma obrigação, de as partes contratantes fazerem prevalecer, em caso de conflito de nacionalidades, a nacionalidade do foro. Em face do que concluiu que os filhos do casal Avello-Webwe podiam invocar o direito, previsto no artigo 12.° CE, de não sofrerem qualquer discriminação em razão da nacionalidade, à luz das normas que regulam o seu apelido de família.

O Tribunal enunciou depois a questão de fundo nos termos de saber se os artigos 12.° CE e 17.° CE se opõem a que a autoridade administrativa belga indefira um pedido de alteração de apelido na situação descrita. Depois de recordar os termos da sua jurisprudência relativa ao princípio da não discriminação, o Tribunal relembrou que os belgas duplos nacionais são tratados da mesma forma que os demais belgas e que a estes é habitualmente recusado o direito de mudar de apelido de família, não se encontrando entre as derrogações admitidas a esta regra a situação das pessoas que procuram remediar a diversidade do seu apelido de família que resulta da aplicação da legislação de dois Estados-Membros. Nestes termos, a questão relevante seria a de saber se estas duas categorias de pessoas (as que possuem apenas a nacionalidade belga e as que, além desta, possuem ainda a de um outro Estado-Membro) se encontram numa situação idêntica ou se, pelo contrário, estão numa situação diferente, caso em que "o princípio da não discriminação implica que os nacionais belgas que possuem igualmente a nacionalidade de outro Estado-Membro possam reivindicar um tratamento diferente do que está reservado às pessoas que possuem apenas nacionalidade belga, a menos que o tratamento em causa seja justificado por razões objectivas".

Atentando na situação de facto em apreciação, o Tribunal sublinhou em seguida que o *distinguo* existente entre as duas hipóteses estaria em que, ao contrário do que acontecia com as pessoas que apenas possuíam a nacionalidade belga, as que tinham ademais a nacionalidade espanhola "usam apelidos de família diferentes ao abrigo dos dois sistemas jurídicos em causa", (...) "sendo "recusado às crianças interessadas o uso do apelido de família que resulta da aplicação da legislação do Estado-Membro que determinou o apelido de família de seu pai". Para salientar em seguida que tal situação de diversidade de apelidos de família é susceptível de criar aos interessados sérios inconvenientes de ordem profissional e privada, resultantes, nomeadamente, das dificuldades em gozar, num Estado-Membro cuja nacionalidade possuem, os efeitos jurídicos de actos ou documentos elaborados noutro Estado-Membro cuja nacionalidade também possuem. Assim sendo, as pessoas em questão poderiam invocar dificuldades próprias da sua situação e que a distinguiriam da das pessoas que apenas possuem a nacionalidade belga, que são designadas por um só apelido de família.

As autoridades belgas haviam-se porém recusado a considerar tais dificuldades como "motivos sérios" que justificassem a alteração do nome de família solicitada pelos requerentes em ordem a evitar a diversidade de apelidos de família. E o Tribunal cuidou em seguida de rejeitar as razões adicionais que poderiam fundamentar aquela prática administrativa e que haviam sido aliás alegadas no processo. Assim, quanto ao princípio da imutabilidade do apelido da família, o Tribunal sublinhou que muito embora ele contribua para facilitar o reconhecimento da identidade das pessoas e da sua filiação, ele não é a tal ponto indispensável que não possa coexistir com a prática que consiste em permitir às crianças que possuam a nacionalidade de dois Estados-Membros usar um apelido de família composto de elementos diferentes dos previstos pelo direito de um dos Estados-Membros, elementos esses que são aliás objecto de uma inscrição num registo oficial do outro Estado-Membro. Tanto mais que, devido à amplitude dos fluxos migratórios no interior da União, coexistem num mesmo Estado-Membro diferentes sistemas de atribuição do apelido; ao que acresce que a circunstância de um sistema permitir a transmissão de elementos do apelido de família do pai e da mãe, longe de provocar confusão àcerca do elo de ligação das crianças, poder contribuir, pelo contrário, para reforçar o reconhecimento deste elo relativamente aos progenitores. E quanto ao objectivo de integração que seria prosseguido pela prática em questão, limitou-se a recordar que, atendendo à coexistência, nos Estados-Membros, de diversos sistemas de atribuição do apelido aplicáveis às pessoas neles residentes, tal prática não seria necessária nem apropriada para favorecer, num dado país, a integração dos nacionais de outros Estados-Membros. E concluiria que o carácter desproporcionado do indeferimento oposto pelas autoridades belgas ao pedido em causa era ainda realçado pelo facto de a prática administrativa referida admitir derrogações à aplicação do regime belga em matéria de transmissão do apelido de família em situações próximas da que se encontrava em apreciação.

Em face do exposto, o Tribunal concluiu então que os artigos 12.° CE e 17.° CE devem ser interpretados no sentido de que se opõem a que, nas circunstâncias descritas, a autoridade administrativa de um Estado-Membro recuse dar seguimento favorável a um pedido de alteração de apelido de crianças residentes nesse Estado-Membro e que disponham da dupla nacionalidade desse Estado-Membro e de outro Estado-Membro, quando o pedido tenha por objecto que as crianças possam usar o apelido de que seriam titulares ao abrigo do direito e da tradição do segundo Estado-Membro.

6. Recordado o teor das intervenções do Tribunal de Justiça em situações em que se encontravam em questão situações privadas internacionais envolvendo o direito ao nome, importa agora indagar do seu sentido e alcance no que à nossa disciplina se refere.

A este propósito salientar-se-á, em primeiro lugar, o cuidado que o Tribunal teve em justificar a sua actuação, preocupando-se em precisar que as duas situações em análise se enquadravam no campo de actuação *ratione materiae* do direito comunitário. Preocupação esta que se justificava sobretudo quando atentamos em que as questões jurídicas em análise – o direito ao nome, e em particular os termos da inscrição do nome de uma pessoa nos registos civis de um dado país e a possibilidade de alteração dos apelidos – pertencem a domínios manifestamente enquadrados na competência estadual. Não tendo o Tribunal questionado este ponto, antes o tendo até expressamente recordado na segunda espécie jurisprudencial citada, ainda que precisando, embora, que uma tal asserção tinha lugar no presente estado do direito comunitário, curou no entanto de justificar a utilidade e a pertinência da sua intervenção nos dois casos.

Tal não se afigurava difícil na primeira situação. Assim, o Tribunal sublinhou que o interessado no processo principal era um nacional grego residente na Alemanha onde exercia, como independente, a profissão de massagista e de assistente em hidroterapia. Pelo que se tratava de um nacional comunitário que exercera o seu direito de livre estabelecimento, o que claramente incluía a situação no domínio de aplicação do direito comunitário.

Os factos eram algo diversos na segunda espécie referida, o que obrigou o Tribunal a um percurso discursivo mais extenso. Depois de frisar que os interessados beneficiavam do estatuto de cidadãos da União por possuírem a nacionalidade de (no caso até) dois Estados-Membros, o Tribunal recordaria que as situações relativas ao exercício das liberdades fundamentais garantidas pelo Tratado, nomeadamente as que se enquadram no exercício da liberdade de circular e residir no território dos Estados--Membros, se inserem igualmente no domínio de aplicação *ratione materiae* do direito comunitário. E frisando que a cidadania da União não visa o alargamento do âmbito de aplicação material do Tratado a situações internas sem qualquer conexão com o direito comunitário, salientou que tal conexão existia no caso dos interessados, nacionais de um Estado--Membro a residir legalmente noutro Estado-Membro. E afastou expressamente a relevância do facto de os interessados possuírem igualmente a nacionalidade do Estado-Membro onde residiam desde o seu nascimento, nacionalidade que, ademais, e por esse motivo, era a única reconhecida pelas autoridades desse Estado, uma vez que o reconhecimento de uma tal tese, implicaria permitir a um Estado-Membro restringir os efeitos da atribuição da nacionalidade de outro Estado-Membro, exigindo um requisito suplementar para o reconhecimento dessa nacionalidade com vista ao exercício das liberdades fundamentais previstas pelo Tratado. Pelo que estaria assente a possibilidade de os interessados invocarem os direitos reconhecidos pelo Tratado, designadamente, *in casu*, o de não serem sujeitos a qualquer discriminação em razão da nacionalidade (na hipótese, por força das normas reguladoras do seu apelido de família).

7. Se passarmos agora às questões de fundo, importa notar que a jurisprudência acabada de citar não põe propriamente em causa, ao contrário do que sucede com outras decisões do Tribunal de Justiça (estamos a pensar, por exemplo, no acórdão *Centros*, em matéria de sede das sociedades comerciais), regras de direito internacional privado. Assim, todo o discurso do acórdão *Garcia Avello* se situa no interior do direito belga, sem que o Tribunal em algum momento conteste ou sequer discuta (no que podemos considerar uma das fraquezas da decisão) a competência desta ordem jurídica para regular a situação em apreço, ou sequer avance a hipótese da aplicação *qua tale* do direito espanhol; e mesmo a clássica regra que dá a prevalência à nacionalidade do Estado do foro em caso de concurso de nacionalidades quando uma das nacionalidades em presença é a do foro não é em si mesma criticada, apenas se adiantando que a sua aplicação não pode levar um Estado a "restringir os efeitos da nacionalidade de outro Estado-Membro", na senda do que se dissera já no acórdão *Micheletti*, em termos de se afastar a ideia de que a sua aplicação pudesse conduzir à desconsideração da nacionalidade de um Estado-Membro, enquanto fundamento da titularidade das liberdades fundamentais reconhecidas pelos Tratados. Desta forma, a lógica discursiva do acórdão tende antes a controlar, à face do princípio da não discriminação em razão da nacionalidade, a solução material que as autoridades belgas retiraram dos preceitos da lei material em vigor no seu país. Nesta sede, o acórdão procede em termos que poderíamos considerar clássicos, no que respeita ao controlo de normas ou de decisões judiciais à luz do princípio da igualdade. Depois de recordar os termos essenciais deste princípio, segundo os quais situações iguais não podem ser tratadas de modo diferente, e situações diferentes não podem ser tratadas de igual maneira, salvo se um tal tratamento se justificar por razões objectivas, o acórdão constata que se verifica *in casu* um tratamento igual de duas situações (a das pessoas que possuem apenas a nacionalidade belga e a daquelas que além desta possuem uma outra nacionalidade), precisando depois que tais situações são diferentes, pois que os nacionais belgas que são ademais nacionais espa-

nhóis usam apelidos de família diferentes ao abrigo dos dois sistemas jurídicos em causa, sendo além disso recusado aos interessados o uso do apelido de família que resulta da aplicação da lei do Estado-Membro que determinou o apelido de família do seu pai. Tomando estas diferenças em estado puro, isto é, sem cuidar de se interrogar sobre a sua eventual razoabilidade (sobretudo no que se refere à segunda), e sublinhando que a diversidade de apelidos de família é susceptível de criar aos interessados sérios inconvenientes de ordem profissional e privada, resultantes nomeadamente das dificuldades em gozar num Estado-Membro, cuja nacionalidade possuem, os efeitos jurídicos de actos ou de documentos elaborados sob o apelido reconhecido noutro Estado-Membro cuja nacionalidade também possuem, o acórdão conclui que as pessoas na situação dos interessados podem invocar dificuldades que são próprias à sua situação e as distinguem das pessoas que possuem apenas a nacionalidade belga, as quais são designadas por um único apelido de família. Estabelecida assim a existência da diferença de situações, e, ademais, o seu carácter gravoso para os interessados, o Tribunal nota que as autoridades belgas se recusaram a tomar em consideração este *distinguo* como base de um tratamento diferenciado da situação dos interessados (o que, à luz do próprio direito belga teriam podido fazer como aliás fazem em casos análogos), e, depois de rejeitar as justificações para o efeito apresentadas, constata o carácter desproporcionado da decisão, considerando-a contrária ao princípio da não discriminação com base na nacionalidade contido no artigo 12.º do Tratado CE.

Podemos assim concluir que o discurso argumentativo do acórdão se aparenta do de um órgão jurisdicional que curasse da conformidade de uma decisão administrativa a um princípio constitucional (da igualdade ou da não discriminação), podendo eventualmente ser desenvolvido em termos idênticos mesmo que a situação em causa não estivesse incluída no domínio de aplicação *ratione materiae* do direito comunitário, desde que o princípio da não discriminação constituísse igualmente um parâmetro (constitucional) integrador do direito belga; pelo que poderíamos concluir que a natureza comunitária da situação não logra assim uma especial relevância. E o mesmo se diga do seu carácter plurilocalizado, pois que o contexto valorativo que leva à condenação da solução a que chegaram as autoridades belgas ignora por completo a questão da possível competência de duas leis (a belga e a espanhola) para regular a formação e alteração do nome dos interessados. Dir-se-á até que um raciocínio semelhante ao que é feito no acórdão deveria levar também à condenação dos termos em que habitualmente tem lugar a aplicação da lei espanhola em situações congéneres (que é impregnada de igual rigidez, como se verifica pela prática existente em relações luso-espanholas). É certo que os reconhecidos inconvenientes que resultam para os interessados da dificuldade em gozar, num Estado-Membro cuja nacionalidade possuem, de documentos elaborados sob o apelido reconhecido noutro Estado-Membro cuja nacionalidade também possuem, poderiam eventualmente levar, num Estado terceiro, ao afastamento da solução da ordem jurídica belga aqui em apreço, se se entendesse que eles contrariariam de forma inaceitável um princípio fundamental do sistema do foro (eventualmente, o da unidade e continuidade do estatuto pessoal ou o da necessária identidade do nome das pessoas), mas então através do mecanismo da ordem pública internacional. Mas este ponto de contacto (quanto ao resultado) entre o raciocínio do acórdão e um outro possível nos quadros da nossa disciplina, põe também ele a nu a ausência de assento internacionalprivatístico do quadro discursivo presente no acórdão do Tribunal de Justiça.

Algo de semelhante se poderá dizer, *mutatis mutandis*, quanto ao acórdão *Konstantinidis*. Aí, o Tribunal de Justiça condenou a aplicação de uma norma de direito do registo civil (de origem convencional) relativa à transcrição em caracteres latinos do nome de um nacional grego no registo civil do Estado-Membro em que ele se estabelecera, por entender que a aplicação dessa regra, ao obrigar o referido cidadão a utilizar, na sua profissão, uma grafia do seu nome resultante da transliteração no registo civil que provocava a deformação da pronúncia do nome, expondo o interessado, por esta deturpação, ao risco de uma confusão de pessoas junto da sua potencial clientela, constituía um entrave ao exercício do direito de estabelecimento previsto no (ao tempo) artigo 52.º do Tratado CEE. Não há pois também aqui qualquer específica orientação com relevo para a doutrina internacionalprivatística, Também aqui se poderia eventualmente ter concluído que a aplicação da regra em questão contrariava afinal princípios fundamentais (o da identidade do nome da pessoa, designadamente) e que ela se apresentava afinal em desconformidade com a sua própria razão de ser, ao provocar a deturpação do nome das pessoas, colocando-se em oposição aos objectivos que a haviam justificado. Uma tal conclusão poderia no entanto ser alcançada no interior de uma ordem jurídica estadual, não se afigurando que a contextualização do problema no seio da ordem jurídica comunitária acrescente algo de particularmente novo, e decisivo, ao tratamento da questão, ou tenha qualquer incidência sobre os mecanismos do direito internacional privado.

8. A circunstância de as decisões que acabamos de analisar não trazerem um especial contributo para o discurso jurídico da nossa disciplina e de os resultados por elas obtidos poderem ser igualmente obtidos por outras e diferentes formas, sem que para tal houvesse necessidade de contextualizar os problemas por elas tratados no seio da ordem jurídica-comunitária, não nos faz esquecer, no entanto, que tais resultados se afiguram bons, correctos e desejáveis em si mesmos. Na verdade, subscrevemos naturalmente o ponto de vista de que não é defensável que um mecanismo de transliteração de um dado nome provoque a sua deturpação em termos tais que o tornem irreconhecível, ou, pelo menos, que exponham o seu titular ao risco de ser confundido com outras pessoas. Ou de que a ordem jurídica deve possuir mecanismos que evitem que, por possuírem duas ou mais nacionalidades, as pessoas tenham apelidos de família diferentes nos sistemas jurídicos aos quais se encontrem ligadas em razão da nacionalidade, com os apontados inconvenientes que daí resultam (nomeadamente a dificuldade em gozar, num Estado de que são nacionais, os efeitos jurídicos de actos ou documentos elaborados sob o apelido reconhecido noutro Estado cuja nacionalidade também possuem). Para evitar tais resultados existem contudo técnicas que operam em sede de definição do sistema competente para a criação de situações plurilocalizadas ou que promovem o seu reconhecimento – e não nos parece que, ao condenar sem mais, como inadmissíveis, aqueles resultados, se tenha trazido um qualquer contributo para a actuação de tais técnicas e o seu apuramento. De qualquer modo, se essas técnicas não foram utilizadas, ou não o foram de forma suficiente e adequada para o fim em vista, o certo é que é positivo que a actuação das instâncias responsáveis por tais resultados tenha sido censurada, em termos de se promover a adopção de soluções mais consentâneas com as necessidades da vida internacional de relação. Isto independentemente de terem existido outras formas de o fazer e de o modo como a correcção foi assumida pelo Tribunal de Justiça, apontando embora as soluções mais adequadas no caso concreto, não ter trazido outros contributos à articulação das técnicas e mecanismos necessários para as garantir em geral e não apenas neste ou naquele caso concreto.

Mas sempre se poderá dizer que essa não é já a missão primeira das decisões judiciais, e que a definição do direito no caso concreto constitui o fulcro do seu objectivo, pelo que, a essa luz, elas não podem deixar de merecer a nossa aprovação, ainda que não tenham contribuído de forma significativa para o delinear do sistema que deverá garantir em geral aqueles resultados.

DESCRIÇÃO BREVE DO REGULAMENTO (CE) N.º 2201/2003 DO CONSELHO, DE 27 DE NOVEMBRO DE 2003, RELATIVO À COMPETÊNCIA, AO RECONHECIMENTO E À EXECUÇÃO DE DECISÕES EM MATÉRIA MATRIMONIAL E EM MATÉRIA DE RESPONSABILIDADE PARENTAL

Maria Helena Brito, Lisboa[*]

SUMÁRIO

1. Apresentação do Regulamento (CE) n.º 2201/2003
   1.1. Antecedentes
   1.2. Objectivo
   1.3. Base jurídica
   1.4. Estrutura do Regulamento
2. Delimitação do âmbito de aplicação do Regulamento (CE) n.º 2201/2003
   2.1. Âmbito material de aplicação
      a) Matéria matrimonial
      b) Matéria de responsabilidade parental
   2.2. Âmbito espacial de aplicação
   2.3. Âmbito temporal de aplicação
3. Critérios atributivos de competência internacional
   3.1. Competência em matéria de divórcio, separação de pessoas e bens e anulação do casamento
   3.2. Competência em matéria de responsabilidade parental
      a) Regra geral
      b) Regras especiais

---

[*] Faculdade de Direito da Universidade Nova de Lisboa e Tribunal Constitucional.

4. Reconhecimento e execução
   4.1. Actos abrangidos
   4.2. Reconhecimento
      a) Princípios gerais quanto ao reconhecimento
      b) Fundamentos de não reconhecimento
   4.3. Execução
      a) Regime geral – pedido de uma declaração de executoriedade
      b) Regime especial – força executória de certas decisões em matéria de direito de visita e de certas decisões que exigem o regresso da criança
5. Cooperação entre autoridades centrais em matéria de responsabilidade parental
6. Observações finais

1. **Apresentação do Regulamento (CE) n.º 2201/2003**

   1.1. Antecedentes

   O Regulamento (CE) n.º 2201/2003, relativo à competência, ao reconhecimento e à execução de decisões em matéria matrimonial e em matéria de responsabilidade parental, foi aprovado pelo Conselho da União Europeia em 27 de Novembro de 2003 e veio revogar o Regulamento (CE) n.º 1347/2000, relativo à competência, ao reconhecimento e à execução de decisões em matéria matrimonial e de regulação do poder paternal em relação a filhos comuns do casal (designado Regulamento "Bruxelas II", publicado no JO L 160, de 30.06.2000, p. 19).
   Como se sabe, o Regulamento (CE) n.º 1347/2000 teve a sua fonte próxima na "Convenção relativa à competência, ao reconhecimento e à execução de decisões em matéria matrimonial", de 28 de Maio de 1998 (a Convenção chamada "Bruxelas II", estabelecida por Acto do Conselho, de 28 de Maio de 1998, e publicada no JO C 221, de 16.07.1998, p. 1), cujo objectivo era estender o regime da Convenção de Bruxelas ao domínio do direito da família. A Convenção "Bruxelas II" não chegou a ser ratificada pelos Estados membros, tendo em conta a aprovação do Tratado de Amesterdão, que definiu uma nova base jurídica em matéria de Direito Internacional Privado e, por isso, o texto dessa Convenção foi transformado, com pequenas modificações, em Regulamento (o Regulamento (CE)

n.º 1347/2000), a fim de garantir a sua rápida aplicação por parte dos Estados membros.

Foi curta a vigência do Regulamento (CE) n.º 1347/2000. Na verdade, pouco tempo depois da sua adopção pelo Conselho (em 29 de Maio de 2000), e ainda antes da sua entrada em vigor (em 1 de Março de 2001), a República Francesa apresentou, em 3 de Julho de 2000, uma iniciativa tendo em vista a aprovação de um Regulamento do Conselho relativo à execução mútua das decisões respeitantes ao direito de visita dos filhos de casais separados ou divorciados (2000/C 234/08, JO C 234, de 15.08.2000, p. 7). A iniciativa tinha como objectivo completar o Regulamento (CE) n.º 1347/2000, suprimindo o *exequatur* relativamente à parte das decisões sobre responsabilidade parental, no que diz respeito ao direito de visita; pretendia-se com este novo acto proteger os interesses do progenitor que tem a guarda do filho, garantindo-lhe o regresso automático do filho após o período de visita.

Na sequência da adopção pelo Conselho de Ministros "Justiça e Assuntos Internos", em Novembro de 2000, de um programa tendente a organizar o reconhecimento mútuo de decisões em quatro áreas, de modo a atingir o objectivo final de eliminação do *exequatur* relativamente a todas as decisões em matéria civil e comercial, a Comissão apresentou, em Setembro de 2001, uma proposta de regulamento relativo à competência, ao reconhecimento e à execução de decisões em matéria de responsabilidade parental (JO C 332, de 27.11.2001, p. 269), que estendia o regime de reconhecimento e de execução estabelecido pelo Regulamento (CE) n.º 1347/2000 a todas as decisões em matéria de responsabilidade parental, com base em regras comuns de competência jurisdicional e num sistema de cooperação reforçada entre as autoridades.

Como nas discussões posteriores se entendeu que seria vantajoso integrar num único instrumento os textos já apresentados (a proposta da Comissão sobre a responsabilidade parental e a iniciativa da República Francesa relativa ao direito de visita), a Comissão submeteu ao Conselho, em Maio de 2002, uma nova proposta de regulamento, que englobava o essencial do Regulamento (CE) n.º 1347/2000, a proposta da Comissão sobre a responsabilidade parental e a iniciativa da República Francesa relativa ao direito de visita (COM(2002) 222 final, JO C 203, de 27.08.2002, p. 155).

Na origem de todas estas iniciativas estava a verificação de que o âmbito de aplicação do Regulamento de 2000 era demasiadamente restrito e de que, por isso mesmo, a disciplina nele contida se encontrava afastada da realidade social: desde logo, ao abranger apenas os problemas de regulação do poder paternal em relação a filhos comuns do casal, por ocasião de uma decisão de dissolução ou de anulação do casamento – e, consequentemente, ao tratar apenas de medidas relativas a filhos nascidos do casamento –, o Regulamento não tomava em consideração o pluralismo de modelos familiares contemporâneos e deixava de fora uma parte relevante de situações litigiosas em relação às quais a intervenção comunitária se justificava.

A proposta de regulamento da Comissão, após parecer do Comité Económico e Social e aprovação do Parlamento Europeu, veio a ser adoptada pelo Conselho, como Regulamento (CE) n.º 2201/2003, em 27 de Novembro de 2003 (publicado no JO L 338, de 23.12.2003, p. 1).

1.2. Objectivo

Tal como outros actos da mesma natureza que o antecederam, o novo Regulamento tem como objectivo fundamental unificar as normas de conflitos de jurisdições, definindo a competência internacional directa dos tribunais dos Estados comunitários, quanto às matérias incluídas no seu âmbito, tendo em vista "simplificar as formalidades destinadas ao reconhecimento e à execução das decisões judiciais".

Para efeitos de aplicação do Regulamento, o termo "tribunal" designa todas as autoridades que nos Estados membros têm competência nas matérias abrangidas no seu âmbito de aplicação nos termos do artigo 1.º (cfr. a definição contida no artigo 2.º, n.º 1).

O Regulamento assegura o reconhecimento automático ou *ipso iure* das decisões proferidas em matéria matrimonial e em matéria de responsabilidade parental pelos tribunais de um Estado membro nos demais Estados membros e a execução das decisões em matéria de responsabilidade parental.

Relativamente ao acto que especificamente o antecedeu – o Regulamento (CE) n.º 1347/2000 – este novo Regulamento tem como objectivo alargar o respectivo âmbito de aplicação às questões de responsabilidade parental, independentemente da natureza das relações entre os progenitores, a fim de garantir a igualdade de tratamento de todas as crianças. Por outro lado, o Regulamento abrange matérias de responsabilidade parental, independentemente da eventual conexão com um processo matrimonial.

Em consequência, o Regulamento procede à revogação do Regulamento (CE) n.º 1347/2000 com efeitos a partir da data de aplicação do novo Regulamento.

1.3. Base jurídica

O Regulamento foi adoptado com fundamento nos artigos 61.º, alínea c), e 67.º, n.º 1, do Tratado que institui a Comunidade Europeia, na redacção dada pelo Tratado de Amesterdão.

Consequências imediatas da base jurídica adoptada são, por um lado, a aplicação directa e imediata das regras contidas no Regulamento com prevalência relativamente às normas correspondentes de fonte interna e, por outro lado, a competência do Tribunal de Justiça para a interpretação do Regulamento, nos termos dos artigos 68.º e 234.º do Tratado que institui a Comunidade Europeia.

1.4. *Estrutura*

As regras do Regulamento constam de setenta e dois artigos, distribuídos por sete capítulos:

- o capítulo I inclui as regras de delimitação do âmbito material de aplicação do Regulamento (artigo 1.º) e um elenco de definições dos termos e expressões nele utilizados (artigo 2.º, onde se definem: "tribunal", "juiz", "Estado membro", "decisão", "Estado membro de origem", "Estado membro de execução", "responsabilidade parental", "titular da responsabilidade parental", "direito de guarda", "direito de visita", "deslocação ou retenção ilícita de uma criança", "processo de insolvência");
- o capítulo II tem como objecto a definição das regras de competência internacional quanto às matérias abrangidas pelo Regulamento (artigos 3.º a 20.º);
- o capítulo III contém o regime do reconhecimento e da execução de decisões (artigos 21.º a 52.º);
- o capítulo IV inclui regras sobre a cooperação entre autoridades centrais em matéria de responsabilidade parental (artigos 53.º a 58.º);

– o capítulo V trata das relações com outros actos – convenções e tratados internacionais de que os Estados membros são parte (artigos 59.° a 63.°);
– os dois últimos capítulos contêm as disposições transitórias (capítulo VI, artigo 64.°) e as disposições finais (capítulo VII, artigos 65.° a 72.°).

O Regulamento inclui ainda seis anexos: os quatro primeiros dizem respeito a modelos de certidões previstas em diversas disposições do Regulamento (certidão referida no artigo 39.° relativa a decisões em matéria matrimonial; certidão referida no artigo 39.° relativa a decisões em matéria de responsabilidade parental; certidão referida no n.° 1 do artigo 41.° relativa a decisões em matéria de direito de visita; certidão referida no n.° 1 do artigo 42.° relativa ao regresso da criança); o anexo V, por sua vez, contém um quadro de correspondência entre as disposições do Regulamento (CE) n.° 2201/2003 e as do Regulamento (CE) n.° 1347/2000; finalmente, o anexo VI é constituído por Declarações apresentadas pela Suécia e pela Finlândia nos termos do n.° 2, alínea a), do artigo 59.° do Regulamento.

2. Delimitação do âmbito de aplicação do Regulamento (CE) n.° 2201/2003

2.1. Âmbito material de aplicação

a) *Matéria matrimonial*

Tal como o Regulamento (CE) n.° 1347/2000, o novo Regulamento "é aplicável, independentemente da natureza do tribunal, às matérias civis relativas ao divórcio, à separação de pessoas e bens e à anulação do casamento" (artigo 1.°, n.° 1, alínea a)).

Continuam a mencionar-se apenas acções relativas ao casamento, pelo que o Regulamento não se aplica às uniões de facto ou registadas que em diversas ordens jurídicas são sujeitas a um regime semelhante ao do casamento.

Por outro lado, embora o texto do Regulamento o não diga expressamente, estão excluídas do seu âmbito de aplicação matérias como "as causas do divórcio, os efeitos patrimoniais do casamento ou outras eventuais medidas acessórias" (cfr. segunda parte do considerando (8)). Assim, ficam de fora da disciplina uniforme matérias como a culpa dos cônjuges, as consequências de natureza patrimonial da dissolução do casamento, a eventual responsabilidade civil, o direito ao nome.

Fora do âmbito deste Regulamento estão igualmente as obrigações alimentares, sujeitas ao Regulamento (CE) n.° 44/2001 (cfr. artigo 5.°, n.° 2).

Do mesmo modo que no domínio do Regulamento de 2000, os processos relativos à matéria matrimonial (tal como, de resto, os processos relativos à responsabilidade parental) podem ser processos judiciais ou não judiciais, desde que as autoridades em causa sejam oficialmente reconhecidas e competentes nessas matérias: por exemplo, processos de jurisdição voluntária ou arbitral, processos conduzidos por autoridades administrativas.

São todavia excluídos os processos puramente religiosos (sem prejuízo do que se dispõe a propósito das decisões proferidas no âmbito dos tratados com a Santa Sé – artigo 63.°).

b) *Matéria de responsabilidade parental*

As mais significativas alterações do Regulamento (CE) n.° 2201/ /2003 dizem respeito à matéria de responsabilidade parental.

O Regulamento "é aplicável, independentemente da natureza do tribunal, às matérias civis relativas à atribuição, ao exercício, à delegação, à limitação ou à cessação da responsabilidade parental" (artigo 1.°, n.° 1, alínea b)). Tais matérias referem-se, nomeadamente: ao direito de guarda e ao direito de visita; à tutela, à curatela e a outros institutos análogos; à designação e às funções de qualquer pessoa ou organismo encarregado da pessoa ou dos bens da criança e da sua representação ou assistência; à colocação da criança ao cuidado de uma família de acolhimento ou de uma instituição; às medidas de protecção da criança relacionadas com a administração, conservação ou disposição dos seus bens (artigo 1.°, n.° 2, alíneas a) a e)).

Neste domínio, o texto do Regulamento procede ainda de modo expresso a uma delimitação negativa do seu âmbito de aplicação. Na verdade, o artigo 1.° determina que o Regulamento não é aplicável: ao estabelecimento ou impugnação da filiação; às decisões em matéria de adopção, incluindo as medidas preparatórias, bem como à anulação e revogação da adopção; aos nomes e apelidos da criança; à emancipação; aos alimentos; aos *trusts* e às sucessões; às medidas tomadas na sequência de infracções penais cometidas por crianças (artigo 1.°, n.° 3, alíneas a) a g)).

O Regulamento (CE) n.° 1347/2000 abrangia os "processos cíveis relativos ao poder paternal em relação aos filhos comuns do casal por ocasião das acções matrimoniais" incluídas no seu âmbito de aplicação. Exigia-se então uma relação de dependência ou conexão entre as acções matrimoniais e as acções relativas ao poder paternal. O Regulamento dizia respeito a filhos biológicos de ambos os cônjuges ou a filhos adoptados por ambos, não podendo portanto aplicar-se relativamente a filhos de apenas um dos cônjuges.

Diferentemente – repete-se –, o novo Regulamento tem como objecto as questões de responsabilidade parental, independentemente da natureza das relações entre os progenitores (unidos pelo casamento ou não), e independentemente também da eventual conexão com um processo matrimonial.

2.2. Âmbito espacial de aplicação

Tal como já tinha acontecido com o Regulamento (CE) n.° 1347/ /2000, o Reino Unido e a Irlanda, nos termos do artigo 3.° do Protocolo anexo ao Tratado de Amesterdão, manifestaram o desejo de participar na aprovação e aplicação do Regulamento (CE) n.° 2201/2003, enquanto a Dinamarca não fez qualquer declaração nesse sentido (cfr. considerandos (30) e (31)).

Nestes termos, o Regulamento é aplicável por tribunais dos Estados membros da União Europeia, com excepção da Dinamarca (cfr. artigo 2.°, n.° 3, que, para efeitos do disposto no Regulamento, define "Estado membro" como "qualquer Estado membro, com excepção da Dinamarca").

Aplica-se a litígios emergentes de relações internacionais. O elemento de estraneidade relevante não é definido; não tem de traduzir necessariamente a ligação do litígio a um Estado membro da União Europeia.

2.3. Âmbito temporal de aplicação

Nos termos do artigo 72.°, o Regulamento entrará em vigor em 1 de Agosto de 2004, mas só será aplicável a partir de 1 de Março de 2005, com excepção das disposições que estabelecem deveres de informação a cargo dos Estados membros, que são aplicáveis a partir de 1 de Agosto de 2004. O artigo 64.º trata dos problemas de direito transitório.

Em princípio, as disposições do Regulamento regem apenas as acções judiciais propostas, os actos autênticos recebidos e os acordos celebrados posteriormente à data em que o Regulamento é aplicável (n.º 1).

No entanto, seguindo uma técnica que já vem da Convenção de Bruxelas (artigo 54.º) e que foi também adoptada, para o que aqui releva, no Regulamento (CE) n.º 1347/2000 (artigo 42.º), o Regulamento tem em conta a vigência anterior de normas sobre a competência jurisdicional conformes com as que dele constam e permite, em certas circunstâncias, o reconhecimento e a execução de decisões proferidas em processos instaurados antes da data em que ele é aplicável (n.ºs 2, 3 e 4).

3. Critérios atributivos de competência internacional

Como resulta do que ficou dito, o Regulamento (CE) n.º 2201/2003 filia-se na tradição que pode considerar-se iniciada com a Convenção de Bruxelas: grande parte das noções e muitas das técnicas jurídicas utilizadas são comuns aos diversos actos comunitários até hoje adoptados na sequência da Convenção de Bruxelas. Não é assim possível prescindir da análise da jurisprudência do Tribunal de Justiça sobre a Convenção de Bruxelas para a interpretação do texto do Regulamento.

Por outro lado, como as soluções adoptadas em matéria matrimonial são ainda, em muitos aspectos, as que constavam da "Convenção relativa à competência, ao reconhecimento e à execução de decisões em matéria matrimonial", de 28 de Maio de 1998, há que atender ao "Relatório explicativo", elaborado, por ocasião da celebração dessa Convenção, pela Professora Alegría Borrás, da Universidade de Barcelona (aprovado pelo Conselho, em 28 de Maio de 1998, e publicado no JO C 221, de 16.07.1998, p. 27).

3.1. *Competência em matéria de divórcio, separação de pessoas e bens e anulação do casamento*

Nesta matéria, o Regulamento (CE) n.º 2201/2003 retoma as soluções adoptadas pelo acto que o antecedeu.

Os critérios a que o Regulamento se atém são fundamentalmente a *residência habitual* e a *nacionalidade* de um ou de ambos os cônjuges (ou o *"domicílio"*, no caso do Reino Unido e da Irlanda).

Assim, nos termos do artigo 3.°, n.° 1, alínea a), são competentes os tribunais do Estado membro em cujo território se situe:

– a residência habitual dos cônjuges, ou
– a última residência habitual dos cônjuges, na medida em que um deles ainda aí resida, ou
– a residência habitual do requerido, ou
– em caso de pedido conjunto, a residência habitual de qualquer dos cônjuges, ou
– a residência habitual do requerente, se este aí tiver residido pelo menos no ano imediatamente anterior à data do pedido, ou
– a residência habitual do requerente, se este aí tiver residido pelo menos nos seis meses imediatamente anteriores à data do pedido e se for nacional do Estado membro em questão, ou, no caso do Reino Unido e da Irlanda, se aí tiver o seu "domicílio".

Nos termos do artigo 3.°, n.° 1, alínea b), são ainda competentes os tribunais do Estado membro da *nacionalidade* de ambos os cônjuges ou, no caso do Reino Unido e da Irlanda, do *"domicílio"* comum.

Estes são os critérios de competência que podem designar-se gerais. Trata-se de critérios alternativos, uma vez que não existe hierarquização entre eles. A técnica utilizada possibilita ao requerente escolher a solução que mais convenha aos seus interesses. Por esta via, o Regulamento permite o *forum shopping* e favorece a dissolução do casamento.

Estabelece-se ainda que o tribunal em que o processo estiver pendente nos termos do artigo 3.° tem competência para examinar o pedido reconvencional (artigo 4.°). Por outro lado, determina-se que o tribunal do Estado membro que tiver proferido uma decisão de separação tem competência para converter a separação em divórcio, desde que a lei desse Estado membro o admita (artigo 5.°).

Os critérios de competência constantes dos artigos 3.°, 4.° e 5.° têm carácter "exclusivo", segundo a qualificação que lhes é dada pelo próprio Regulamento. Diz-se no artigo 6.° que o cônjuge que tenha residência habitual no território de um Estado membro ou que seja nacional de um Estado membro ou, no caso do Reino Unido ou da Irlanda, tenha o seu "domicílio" no território de um desses Estados membros só por força das normas de competência do Regulamento pode ser demandado perante os tribunais de um outro Estado membro.

A competência "exclusiva", tal como é entendida, por exemplo, na Convenção de Bruxelas ou no Regulamento (CE) n.º 44/2001, é inderrogável e tem incidência sobre o reconhecimento e a execução – o desrespeito das regras que estabelecem "competências exclusivas" é fundamento de recusa de reconhecimento das decisões proferidas (cfr. artigo 28.º, primeiro parágrafo, da Convenção de Bruxelas e artigo 35.º, n.º 1, do Regulamento (CE) n.º 44/2001).

Ora, não é este o sentido das normas do Regulamento em apreciação; não há qualquer foro que possa considerar-se "exclusivo" relativamente aos outros. O artigo 6.º significa que só os critérios de competência enumerados nos artigos 3.º, 4.º e 5.º podem ser utilizados para demandar um cônjuge que resida no território de um Estado membro ou que tenha a nacionalidade de um Estado membro (ou o "domicílio", no caso do Reino Unido ou da Irlanda).

Pretende-se deste modo delimitar o âmbito de aplicação no espaço do próprio Regulamento, excluindo a aplicação dos critérios internos de competência quanto às matérias abrangidas pelo Regulamento. É afinal todo o sistema de competência definido pelo Regulamento que se declara "exclusivo" em relação às normas sobre competência jurisdicional vigentes em cada Estado membro.

Deste carácter "exclusivo" ou "limitativo" dos critérios de competência previstos pelo Regulamento decorre também o seu carácter imperativo. Daí que não seja admitida a competência convencional – nem a atribuição de competência por convenção das partes, nem a extensão tácita de competência através da comparência do requerido perante o tribunal de um Estado membro em que a acção tivesse sido proposta, sem para tal ser em princípio competente (como se admite, respectivamente, nos artigos 17.º e 18.º da Convenção de Bruxelas e nos artigos 23.º e 24.º do Regulamento em matéria civil e comercial).

Para o caso de os critérios constantes dos artigos 3.º, 4.º e 5.º não permitirem atribuir competência a um tribunal de um Estado membro, o artigo 7.º prevê "competências residuais", remetendo para as regras em vigor em cada Estado membro.

3.2. Competência em matéria de responsabilidade parental

A novidade principal deste Regulamento reside, como se disse, na definição de competência jurisdicional para as questões de responsabilidade parental, desligada dos processos matrimoniais.

a) *Regra geral*

Segundo a regra geral fixada no artigo 8.°, são competentes os tribunais do Estado membro onde a criança tem a sua *residência habitual* à data em que o processo é instaurado.

A disposição inspira-se na solução consagrada no artigo 5.° da Convenção da Haia de 1996 relativa à jurisdição, à lei aplicável, ao reconhecimento, à execução e à cooperação em matéria de responsabilidade parental e de medidas de protecção de menores.

b) *Regras especiais*

O Regulamento prevê desvios a esta regra geral.

Em primeiro lugar, nos termos do n.° 1 do artigo 9.°, quando uma criança se desloca legalmente de um Estado membro para outro e passa a ter a sua residência habitual neste último, os tribunais do Estado membro da *anterior residência habitual* mantêm a sua competência, durante um período de três meses após a deslocação, para alterarem uma decisão, sobre o direito de visita, proferida nesse Estado membro antes da deslocação da criança, desde que o titular do direito de visita, por força dessa decisão, continue a residir habitualmente no Estado membro da anterior residência habitual da criança. Só assim não será se o titular do direito de visita, por força dessa decisão anterior, tiver aceitado a competência dos tribunais do Estado membro da nova residência habitual da criança, participando no processo instaurado nesses tribunais, sem contestar a competência n.° 2 do mesmo artigo).

Em segundo lugar, dispõe o artigo 10.° (sob a epígrafe "competência em caso de rapto da criança") que, em caso de deslocação ou retenção ilícitas de uma criança, continuam a ser competentes os tribunais do Estado membro onde a criança tinha a sua *residência habitual imediatamente antes da deslocação ou retenção ilícitas*. Essa competência só cessa quando a criança passar a ter a sua residência habitual noutro Estado membro, desde que o titular do direito de guarda venha a consentir na deslocação ou retenção (alínea a)), ou desde que a criança tenha estado a residir no novo Estado membro durante, pelo menos, um ano, se a criança se encontrar integrada no novo ambiente e se, em síntese, não existir qualquer decisão que determine o regresso da criança (alínea b)).

Quanto a este ponto, o Regulamento inspira-se na Convenção da Haia de 1980 sobre os aspectos civis do rapto internacional de crianças. Aliás, o artigo 11.° do Regulamento estabelece regras a seguir pelas autoridades dos Estados membros quando lhes seja pedida, pelo titular do direito de guarda, uma decisão, fundamentada nessa Convenção da Haia, a fim de obter o regresso de uma criança que tenha sido ilicitamente deslocada ou retida num Estado membro que não o da sua residência habitual imediatamente antes da deslocação ou retenção ilícitas.

O Regulamento prevê ainda, em matéria de responsabilidade parental, a *"extensão de competência"* em dois casos.

Antes de mais, admite-se a extensão da competência fixada para as acções matrimoniais. Tendo em conta o disposto no artigo 12.°, n.° 1, os tribunais do Estado membro que, nos termos do Regulamento, sejam competentes para decidir de um pedido de divórcio, de separação ou de anulação do casamento são competentes para decidir de qualquer questão relativa à responsabilidade parental, relacionada com esse pedido, quando pelo menos um dos cônjuges exerça a responsabilidade parental em relação à criança e a competência desses tribunais tenha sido aceite pelos cônjuges ou pelos titulares da responsabilidade parental à data em que o processo é instaurado e seja exercida no superior interesse da criança.

Estabelece-se assim uma relação de dependência entre a acção matrimonial e a acção de responsabilidade parental, num vestígio da solução que constituía a regra perante o Regulamento (CE) n.° 1347/2000 (artigo 3.°). Nos termos do novo sistema, todavia, prescinde-se do lugar da residência habitual da criança, uma vez que este é agora o critério geral que define a competência dos tribunais.

Outro caso de "extensão de competência" é o que se encontra previsto no artigo 12.°, n.° 3: os tribunais de um Estado membro são igualmente competentes em matéria de responsabilidade parental, em processos que não os referidos no n.° 1 (processos que não de divórcio, separação ou anulação do casamento), quando a criança tenha uma ligação particular com esse Estado membro (porque, por exemplo, é nacional desse Estado ou um dos titulares da responsabilidade parental tem aí residência habitual) e a competência tenha sido aceite explicitamente por todas as partes no processo e seja exercida no superior interesse da criança.

De acordo com a exposição de motivos que acompanhava a Proposta de Regulamento apresentada pela Comissão, "esta solução tem em vista favorecer um acordo entre as partes, embora incida apenas sobre o tribunal a que a acção será submetida, dando igualmente uma certa margem de manobra aos titulares da responsabilidade parental, enquanto o tribunal perante o qual a questão é suscitada deve estabelecer que se declara competente no superior interesse da criança".

No artigo 13.º estabelece-se a competência dos tribunais do Estado membro em que a criança se encontra (*residência ocasional* ou *paradeiro*) quando não puder ser determinada a sua residência habitual, nem for possível determinar a competência com base no artigo 12.º (cfr. n.º 1), e quando se tratar de crianças refugiadas ou internacionalmente deslocadas (cfr. n.º 2).

Tal como no âmbito da competência em matéria matrimonial, também aqui se admitem "competências residuais". Se os critérios constantes dos artigos 8.º a 13.º não permitirem atribuir competência a um tribunal de um Estado membro, a competência será, em cada Estado membro, regulada pela lei desse Estado (artigo 14.º).

Finalmente, refira-se uma significativa inovação do Regulamento em análise.

Apesar de o sistema de regras incluídas nesta secção ter em vista determinar a competência do tribunal mais adequado para prosseguir o "superior interesse da criança", teve-se em conta que, em casos excepcionais, poderá existir um tribunal melhor colocado para conhecer da questão. Por isso, o artigo 15.º admite que, excepcionalmente, os tribunais de um Estado membro, competentes por força das regras antecedentes, possam suspender a instância ou transferir o processo para um tribunal de outro Estado membro com o qual a criança tenha uma ligação particular, se considerarem que esse outro tribunal se encontra melhor colocado para conhecer de todos ou de alguns aspectos do processo e se tal servir o superior interesse da criança (n.º 1). O mecanismo pode ser desencadeado a pedido de uma das partes, por iniciativa do tribunal, ou a pedido do tribunal de outro Estado membro com o qual a criança tenha uma ligação particular (n.º 2).

4. Reconhecimento e execução

O objectivo último do Regulamento consiste, como se disse, em facilitar o reconhecimento e a execução de decisões entre os Estados membros da União Europeia, de modo a assegurar a "livre circulação das sentenças" e assim contribuir para a "livre circulação de pessoas".

4.1. Actos abrangidos

Para efeitos de aplicação do Regulamento, o termo *"decisão"* designa qualquer decisão de divórcio, separação ou anulação do casamento, bem como qualquer decisão relativa à responsabilidade parental proferida por um tribunal de um Estado membro, independentemente da sua designação, tal como "acórdão", "sentença" ou "despacho judicial" (cfr. artigo 2.°, n.° 4).

No que diz respeito às decisões em matéria matrimonial, tem-se entendido, desde a Convenção "Bruxelas II", que apenas são abrangidas as "decisões positivas", isto é, as que decretam o divórcio, a separação ou a anulação do casamento.

No que diz respeito às decisões em matéria de responsabilidade parental, são naturalmente abrangidas todas as decisões.

Por força da equiparação estabelecida no artigo 46.°, "os actos autênticos exarados e com força executória num Estado membro, bem como os acordos entre partes com força executória no Estado membro em que foram celebrados, são reconhecidos e declarados executórios nas mesmas condições que as decisões".

4.2. Reconhecimento

a) *Princípios gerais quanto ao reconhecimento*

O Regulamento assegura o reconhecimento automático ou *ipso iure* das decisões proferidas em matéria matrimonial e em matéria de responsabilidade parental pelos tribunais de um Estado membro nos demais Estados membros.

Não se exige qualquer procedimento ou formalidade para o reconhecimento (artigo 21.°, n.° 1).

Em particular, não é exigível qualquer formalidade para a actualização dos registos do estado civil de um Estado membro com base numa decisão de divórcio, separação ou anulação do casamento, proferida noutro Estado membro e da qual já não caiba recurso, segundo a legislação desse Estado membro (artigo 21.°, n.° 2). Neste caso, o único requisito estabelecido diz respeito ao carácter definitivo da decisão, o que bem se compreende.

Embora o reconhecimento seja automático, admite-se que qualquer interessado possa pedir o reconhecimento ou o não reconhecimento de uma decisão, perante um tribunal, nos mesmos termos em que no Regulamento se admite o "pedido de declaração de executoriedade". A competência territorial dos tribunais a que pode submeter-se tal pedido é regulada pela lei do Estado membro em causa (artigo 21.°, n.° 3).

Enquanto o Regulamento de 2000 incluía, no Anexo I, uma lista dos tribunais perante os quais, em cada país, deviam ser apresentados tais pedidos (em Portugal, o Tribunal de Comarca ou o Tribunal de Família), no novo Regulamento, o dever de comunicação à Comissão imposto aos Estados membros pelo artigo 68.° abrange a indicação do tribunal competente para este efeito.

Se o reconhecimento de uma decisão for invocado a título incidental num tribunal de um Estado membro, este tribunal é competente para o apreciar (artigo 21.°, n.° 4).

Sublinhe-se ainda que não é requisito do reconhecimento o trânsito em julgado da decisão. No entanto, o tribunal de um Estado membro ao qual seja requerido o reconhecimento de uma decisão proferida noutro Estado membro pode suspender a instância, se a decisão tiver sido objecto de recurso ordinário (artigo 27.°).

O regime estabelecido pelo Regulamento quanto ao reconhecimento num Estado membro de decisões proferidas noutro Estado membro está sujeito a certos princípios fundamentais, a saber:

Antes de mais, é proibido o controlo da competência do tribunal de origem (artigo 24.°): assim, seja qual for o critério com base no qual o tribunal de origem estabeleceu a sua competência – e ainda que tal competência tenha resultado da aplicação das regras internas sobre conflitos de jurisdição ("competências residuais" referidas nos artigos 7.° e 14.°) –, a decisão proferida beneficia do regime de reconhecimento instituído pelo Regulamento, desde que, obviamente, esteja abrangida no âmbito material de aplicação do Regulamento.

Depois, o reconhecimento de uma decisão não pode ser recusado com o fundamento de que a lei do Estado membro requerido não permite o divórcio, a separação ou a anulação do casamento com base nos mesmos factos (artigo 25.°).

Por último, proíbe-se a revisão da decisão quanto ao mérito (artigo 26.°).

b) *Fundamentos de não reconhecimento*

Tendo em conta o sistema de reconhecimento automático instituído pelo Regulamento, os fundamentos de não reconhecimento são limitados. Sintetizando, e abstraindo neste momento das especificidades referidas nos artigos 22.° e 23.°, pode dizer-se que apenas constituem fundamento de não reconhecimento de decisões:

1.° A *violação manifesta da ordem pública do Estado membro requerido*;
2.° A *falta de citação ou de notificação* do demandado ou da pessoa interessada (incluindo a não audição da criança, em violação das regras do Estado de reconhecimento);
3.° A *incompatibilidade da decisão* cujo reconhecimento se pretende com outra decisão.

Por último, refira-se um fundamento de recusa de reconhecimento, previsto no artigo 23.°, alínea g), que respeita apenas a decisões em matéria de responsabilidade parental: a *inobservância do procedimento* previsto no artigo 56.° para os casos de colocação da criança numa instituição ou numa família de acolhimento noutro Estado membro.

4.3. *Execução*

a) *Regime geral – pedido de uma declaração de executoriedade*

O princípio geral quanto à execução de decisões estrangeiras encontra-se enunciado no artigo 28.° do Regulamento: as decisões proferidas num Estado membro sobre o exercício da responsabilidade parental relativa a uma criança, que aí tenham força executória e que tenham sido notificadas, são executadas noutro Estado membro depois de nele terem sido declaradas executórias a pedido de qualquer parte interessada (titular da responsabilidade parental, filho, ou Ministério Público).

Apenas se mencionam as decisões em matéria de responsabilidade parental, pois, em geral, relativamente às decisões em matéria matrimonial, quanto às matérias abrangidas pelo Regulamento, é suficiente o respectivo reconhecimento.

A questão pode obviamente colocar-se a propósito da parte dessas decisões que fixa o montante das custas devidas no processo. Por isso, e colmatando uma lacuna do Regulamento (CE) n.º 1347/2000, o novo Regulamento determina expressamente a sua aplicabilidade à execução de decisões relativas a custas de processos instaurados ao abrigo das disposições nele contidas (cfr. artigo 49.º).

Ainda uma observação: o Regulamento não afecta o processo de execução das decisões, que será regulado, em cada Estado membro, pela respectiva legislação (cfr. artigo 47.º).

Feita esta advertência, vejamos o que dispõe o Regulamento quanto à execução, num Estado membro, de decisões proferidas noutro Estado membro.

Estabelecem-se dois requisitos para a execução:

– a decisão há-de ter força executória no Estado membro de origem;
– a decisão há-de ter sido notificada aos interessados.

De acordo com o modelo instituído pela Convenção de Bruxelas e seguido pelo Regulamento em matéria civil e comercial, também no âmbito deste Regulamento o *exequatur* se obtém mediante pedido. Prevê--se um "pedido de declaração de executoriedade", para o qual se estabelece um processo simplificado.

Por força do que dispõe o Regulamento em análise, compete a cada Estado membro comunicar à Comissão qual o tribunal perante o qual deve ser apresentado tal pedido (cfr. artigos 29.º, n.º 1, e 68.º) – de acordo com o Anexo I do Regulamento (CE) n.º 1347/2000, em Portugal era competente para este efeito o Tribunal de Comarca ou o Tribunal de Família.

A competência territorial é determinada pelo lugar da residência habitual da parte contra a qual a execução é requerida ou pelo lugar da residência habitual da criança a que o pedido diga respeito (artigo 29.º, n.º 2).

Quando não for possível encontrar no Estado membro requerido nenhum dos lugares de residência referidos no primeiro parágrafo, o tribunal territorialmente competente é determinado pelo lugar da execução (artigo 29.º, n.º 3).

Numa primeira fase, o processo é unilateral, sem contraditório (artigo 31.º, n.º 1).

Tal como no Regulamento de 2000 (artigo 24.º, n.º 2) e na Convenção de Bruxelas de 1968 (artigo 34.º, n.º 2) – mas diferentemente do que sucede perante o Regulamento em matéria civil e comercial (artigo 41.º) – o juiz pode, nesta fase, indeferir o pedido se existir algum fundamento de recusa de reconhecimento (cfr. artigo 31.º, n.º 2). A diferença de regime justifica-se em função da natureza das matérias que aqui estão em causa. Não pode todavia o tribunal proceder à apreciação da decisão quanto ao fundo (artigo 31.º, n.º 3).

A decisão relativa ao pedido de declaração de executoriedade será proferida "no mais curto prazo" (artigo 31.º, n.º 1, primeira parte), deve ser "rapidamente" comunicada ao requerente (artigo 32.º) e é recorrível (artigo 33.º).

O recurso é dirigido ao tribunal identificado na lista comunicada por cada Estado membro à Comissão, nos termos do artigo 68.º (cfr. artigo 33.º, n.º 2) – de acordo com o Anexo II do Regulamento (CE) n.º 1347/2000, em Portugal o recurso devia ser interposto perante o Tribunal da Relação.

Nesta segunda fase, de recurso, devem observar-se as regras do processo contraditório (artigo 33.º, n.º 3).

Da decisão proferida em recurso só cabe o recurso previsto na lista comunicada por cada Estado membro à Comissão, nos termos do artigo 68.º (cfr. artigo 34.º) – de acordo com o Anexo III do Regulamento (CE) n.º 1347/2000, em Portugal a decisão proferida em recurso apenas podia ser objecto de "recurso restrito à matéria de direito".

O tribunal perante o qual foi interposto recurso nos termos dos artigos 33.º ou 34.º pode, a pedido da parte contra a qual seja requerida a execução, suspender a instância se, no Estado membro de origem, a decisão tiver sido objecto de recurso ordinário ou se o prazo para o interpor ainda não tiver decorrido.

Esta possibilidade de suspensão da instância, admitida no artigo 35.º, é uma consequência de não se exigir como requisito ou pressuposto da declaração de executoriedade o trânsito em julgado da decisão proferida no tribunal de origem.

b) *Regime especial – força executória de certas decisões em matéria de direito de visita e de certas decisões que exigem o regresso da criança*

O Regulamento enuncia depois um regime especial de execução quanto a certas decisões respeitantes ao "direito de visita" e quanto a certas decisões respeitantes ao "regresso da criança, na sequência de uma decisão que exija o regresso da criança, nos termos do n.º 8 do artigo 11.º", isto é, após uma situação de rapto (cfr. artigo 40.º, n.º 1, alíneas a) e b)).

Consagra-se neste ponto o essencial da "iniciativa francesa", alargando o regime então proposto para as decisões relativas ao "direito de visita", de modo a abranger também as decisões relativas ao "regresso da criança".

A especialidade do regime traduz-se na supressão do *exequatur* no Estado membro de execução, quanto a decisões que tenham sido certificadas no Estado membro de origem. Consequentemente, a decisão será tratada, para efeitos de execução, como se tivesse sido proferida no próprio Estado membro de execução.

Estabelecem-se apenas regras processuais a respeitar na certificação, regras essas destinadas a assegurar que, ao proferir a decisão, o tribunal de origem observou o princípio do contraditório e as exigências quanto à audição da criança.

A existência deste regime especial não exclui porém a possibilidade de o titular da responsabilidade parental requerer o reconhecimento e a execução de uma decisão nos termos gerais previstos no Regulamento (secções 1 e 2, artigos 21.º e seguintes e 28.º e seguintes) – cfr. artigo 40.º, n.º 2.

Este regime especial consta dos artigos 41.º (no que diz respeito a decisões relativas ao "direito de visita") e 42.º (no que diz respeito a decisões relativas ao "regresso da criança").

5. Cooperação entre autoridades centrais em matéria de responsabilidade parental

Um aspecto essencial e inovatório deste Regulamento é a instituição de um sistema de cooperação entre autoridades centrais em matéria de responsabilidade parental, à semelhança do que existe em convenções celebradas no âmbito da Conferência da Haia de Direito Internacional Privado.

Para o efeito, cada Estado membro designa uma ou várias autoridades centrais encarregadas de o assistir na aplicação do Regulamento, especificando as respectivas competências territoriais ou materiais (artigo 53.º).

Nos termos do Regulamento, as autoridades centrais dos Estados membros asseguram uma função geral de informação e de coordenação (artigo 54.º). Além disso, cooperam em casos determinados (artigo 55.º). O artigo 56.º atribui um papel de relevo à cooperação entre autoridades centrais dos Estados membros no caso de o tribunal competente por força das disposições do Regulamento optar pela colocação da criança numa instituição ou numa família de acolhimento noutro Estado membro (note-se que a inobservância do procedimento previsto neste artigo 56.º para os casos de colocação da criança numa instituição ou numa família de acolhimento noutro Estado membro é fundamento de recusa de reconhecimento da decisão proferida, nos termos do artigo 23.º, alínea g), do Regulamento).

6. Observações finais

Estendido o âmbito material do Regulamento às questões de responsabilidade parental, independentemente da eventual conexão com um processo matrimonial, conseguiu-se, de algum modo, aproximar as regras jurídicas da realidade social, tomando em consideração, quanto a este aspecto, diferentes modelos de organização da família.

Desapareceu assim um dos motivos de crítica ao Regulamento (CE) n.º 1347/2000.

As críticas ao novo Regulamento centram-se fundamentalmente no regime respeitante à matéria matrimonial – e retomando as que já eram dirigidas ao Regulamento anterior, uma vez que neste aspecto o regime foi integralmente mantido.

Neste domínio, o Regulamento continua a não se aplicar à união de facto e, portanto, a não considerar outros modelos de organização familiar para além do casamento.

Mas ainda um aspecto merece ser salientado.

Como outros actos de uniformização do direito processual civil internacional, o Regulamento que aqui analisei destina-se a assegurar a "livre circulação das decisões" nas matérias por ele abrangidas.

A justificação invocada para a adopção de actos desta natureza assenta na "confiança recíproca" na administração da justiça nos Estados que participam na unificação. Essa confiança recíproca pressupõe uma base comum de apreciação das questões nos Estados em causa.

Na actual situação de integração jurídica dos Estados membros da União Europeia, o direito da família e o direito internacional privado da família revelam ainda divergências sensíveis.

Ora, em matéria matrimonial, o Regulamento (CE) n.º 2201/2003 – instituindo um sistema de determinação da competência jurisdicional assente em critérios alternativos e um sistema alargado de litispendência que permite atribuir relevância a situações de falsa litispendência – conduzirá com frequência ao reconhecimento de decisões que não poderiam ser obtidas no Estado membro de reconhecimento.

Dir-se-á que é precisamente esse o objectivo da uniformização de regras sobre conflitos de jurisdições e sobre reconhecimento de decisões estrangeiras.

Como sublinhou o Prof. Christian Kohler, num texto publicado nos Estudos em homenagem à Prof.ª Magalhães Collaço, "a comunitarização desta matéria na sequência do Tratado de Amesterdão insere-se perfeitamente numa certa óptica do mercado interno europeu". Trata-se de transpor o "princípio do Estado de origem", afirmado no domínio da livre circulação de mercadorias e de serviços, para o reconhecimento de decisões que põem termo ao vínculo conjugal.

Só que, na matéria aqui considerada, tal princípio parece conduzir a resultados nem sempre razoáveis.

Sendo certo que a admissibilidade do controlo da lei aplicada seria incompatível com o princípio da "livre circulação das decisões" e conhecendo a interpretação restritiva que o Tribunal de Justiça faz das normas que estabelecem fundamentos de não reconhecimento de decisões – concretamente da que permite o recurso à reserva de ordem pública internacional do Estado membro de reconhecimento –, a solução estará porventura na uniformização das normas de conflitos sobre a dissolução do casamento, como aliás foi já admitido em documentos de trabalho do Conselho da União Europeia.

Aguardemos pois os resultados da aplicação do Regulamento assim como a evolução dos trabalhos da União Europeia neste domínio.

ELÉMENTS POUR UN DROIT INTERNATIONAL PRIVÉ COMMUNAUTAIRE DES RÉGIMES MATRIMONIAUX ET DES SUCCESSIONS[*]

Paul Lagarde, Paris[**]

A la différence des orateurs précédents, je vais parler de questions de droit international privé qui ne sont pas harmonisées au sein de l'Union européenne, mais qui le deviendront peut-être à moyen terme, puisque deux études (accessibles sur le site internet de la Commission) ont été réalisées sur ces sujets à la demande de la Commission européenne et qu'un livre vert est en préparation pour le droit international privé des successions. On pourrait s'étonner de cette initiative, puisqu'il existe déjà une convention de La Haye sur la loi applicable aux régimes matrimoniaux et trois autres sur divers aspects du droit international privé des successions. Cependant ces conventions, sauf celle sur la loi applicable à la forme des testaments, n'ont pas eu le succès escompté. L'harmonisation internationale reste à faire et elle est assez pressante, en raison de la diversité des droits nationaux.

Prenons pour nous en convaincre l'exemple de deux époux allemands dont le premier domicile matrimonial était fixé en France. Le mari souscrit seul un contrat de cautionnement auprès d'une banque française qui veut saisir un immeuble acquis par les époux en cours de mariage. Aux

---

[*] Une version plus étendue de ce texte est parue en allemand in *Perspektiven der justiziellen Zusammenarbeit in Zivilsachen in der Europäischen Union,* direction Peter Gottwald, (Veröffentlichungen der Wissenschaftliche Vereinigung für Internationales Verfahrensrecht), 2004, p.1-20. Une autre, en français, doit paraître dans les Mélanges en l'honneur du Professeur Julio Gonzales Campos.

[**] Université de Paris I et Institut de Droit International.

yeux du droit français, ces époux sont soumis au régime légal français de la communauté et le cautionnement ne peut pas engager les biens communs des époux, parmi lesquels figure l'immeuble. Aux yeux du droit international privé allemand, le régime matrimonial est celui du droit allemand et si l'immeuble a été acquis au nom du mari, il lui appartient et peut être saisi par la banque. Si un futur règlement communautaire (appelons--le par commodité le règlement Bruxelles II) permet indifféremment la saisine d'un tribunal français ou d'un tribunal allemand, le résultat de fond dépendra de l'option exercée par la banque, ce qui n'est pas satisfaisant. Le seul moyen d'éviter cela serait de supprimer toute option de compétence, ce qui aurait d'autres inconvénients, notamment d'entraver l'accès à la justice.

Prolongeons l'exemple sur le terrain successoral. Ces époux allemands ont leur résidence habituelle en France. L'un d'eux décède et laisse une sœur et son conjoint. Des sommes et valeurs importantes ont été déposées dans une banque française. A qui devra-t-elle les restituer? Selon le droit international privé allemand, la loi allemande, loi nationale du défunt, est applicable à la succession. Elle prévoit un partage par moitié entre le conjoint survivant et la sœur du défunt (§ 1931 BGB), le conjoint recevant en outre un quart de la succession au titre du *Zugewinnausgleich* (§ 1371 BGB). Selon le droit international privé français, c'est la loi française en tant que loi du dernier domicile, et cette loi attribue la totalité de la succession au conjoint survivant (art 757-2 c. civ., rédaction loi 3 déc. 2001).

Une harmonisation du droit international privé des Etats membres est donc indispensable, tant pour les régimes matrimoniaux que pour les successions et, dans ces deux domaines, au triple niveau de la compétence judiciaire, de la loi applicable et de la reconnaissance des actes et décisions.

I. Régimes matrimoniaux

Je négligerai ici les problèmes de compétence judiciaire, qui ne sont pas considérables pour les régimes matrimoniaux. Les dispositions figurant dans le règlement Bruxelles II sont utilisables si la question de régime matrimonial surgit à l'occasion d'un divorce, celles du droit commun le sont dans les autres cas. Je me bornerai aux conflits de lois et à la reconnaissance et à l'exécution des actes et décisions.

A. *Conflits de lois*

On est encore très loin de l'unification des règles de conflit de lois dans l'Union européenne, mais quelques tendances peuvent être dégagées.

La première est l'admission progressive de l'autonomie de la volonté. Il n'y a pas si longtemps, le droit français était à peu près le seul en Europe, à l'exception de l'Angleterre qui, il est vrai, ne connaissait pas la notion de régime matrimonial, à admettre que les époux pouvaient choisir la loi applicable à leur régime et à rechercher, à défaut de choix exprès, la loi à laquelle ils étaient censés s'être implicitement référés. Cette faculté de choix a été consacrée par la convention de La Haye du 14 mars 1978 et, dans l'Europe des Quinze, il semble que la Grèce soit le seul Etat à ignorer encore en cette matière l'autonomie de la volonté. Cette possibilité de choix de loi devrait être consacrée au niveau communautaire, mais il faudra convaincre à ce sujet les Etats qui vont entrer prochainement dans l'Union. La Pologne, la République Tchèque et la Slovaquie ont conservé leurs vieilles lois de 1965 et de 1963, la Hongrie celle de 1979, qui ne prévoient pas d'autonomie. Et si la Slovénie s'est dotée en 1999 d'une nouvelle loi de droit international privé, celle-ci n'autorise l'autonomie qu'à titre subsidiaire, dans la mesure où la loi applicable la permet.

Il faudra aussi s'entendre sur l'étendue de cette autonomie de la volonté. Ce devrait être assez facile. Il existe une grande parenté entre les solutions de la convention de La Haye, en vigueur dans trois Etats membres, et celles de l'article 15 EGBGB, de l'article 42 du projet belge, de l'art. 30 de la loi italienne de 1995, etc. L'idée est que le choix de loi se limite aux lois des Etats dans lesquels l'un ou l'autre époux a ou aura sa résidence habituelle ou dont l'un ou l'autre possède la nationalité. Certains Etats, comme l'Allemagne et les Etats parties à la convention de La Haye de 1978, ainsi que le Royaume-Uni et l'Irlande, permettent aussi aux époux de choisir, pour les immeubles, la loi de leur situation. Cette faculté, qui semble ignorée dans les autres droits, a été critiquée en ce qu'elle rompt l'unité du régime matrimonial. Elle a cependant l'avantage d'unifier, pour un immeuble déterminé, la loi réelle, la loi successorale (souvent) et la loi du régime. On pourrait renoncer à cette faculté pour les immeubles situés dans un Etat membre de l'Union, si les règles de conflit en matière de régime matrimonial et de succession sont unifiées. Elle resterait en revanche utile pour les immeubles situés hors de l'Union européenne.

Les Etats de l'Union sont en revanche très divisés sur le rattachement du régime matrimonial à défaut de choix par les époux de la loi applicable.

Certains Etats privilégient la loi de la nationalité commune des époux, assortie d'une échelle de Kegel en cas de nationalités différentes, d'autres retiennent la loi du domicile matrimonial. Dans la première catégorie, on trouve l'Allemagne, l'Autriche, l'Italie, l'Espagne et le Portugal; dans la seconde catégorie, la France, depuis Dumoulin, le Luxembourg, l'Angleterre, le projet belge. Sur le plan technique, un avantage du rattachement à la nationalité serait de ne pas dissocier, quant à la loi applicable, le régime primaire, c'est-à-dire les effets personnels du mariage, et le régime matrimonial proprement dit. Mais cet avantage est très relatif. La possibilité de choix de loi a déjà pour effet de dissocier ces deux éléments. De plus, le régime primaire est souvent appliqué dans un Etat, à titre de loi de police, à tous les époux qui y résident et pas seulement aux nationaux. Si le rattachement du régime matrimonial doit être un rattachement de proximité, plus que d'allégeance à un Etat déterminé, le domicile (ou la résidence habituelle commune) paraît plus adapté. Dans le cadre communautaire, le rattachement au domicile est également préférable, pour éviter tout ce qui pourrait ressembler à une discrimination exercée en raison de la nationalité, prohibée par l'article 12 (ex-art. 6) du traité CE. La convention de La Haye du 14 mars 1978 a, dans le même sens, retenu la loi de l'Etat dans lequel les époux fixent leur résidence habituelle commune après le mariage, mais elle a ménagé les Etats attachés au critère de la nationalité. Ceux-ci peuvent déclarer qu'ils appliqueront leur propre loi au régime matrimonial d'époux ayant tous deux leur nationalité, et cette déclaration liera en principe les autres Etats. Le résultat est équitable, mais assez compliqué et cette complication explique sans doute le petit nombre de ratifications. Le choix de la loi du domicile commun à titre principal paraît donc préférable.

En tout cas, le rattachement au domicile rend plus fréquent le problème du conflit mobile ou *Statutenwechsel*. Ce problème se pose à deux niveaux. Le premier est celui de l'autonomie de la volonté. Peut-on admettre que les époux puissent, en cours de mariage, soumettre leur régime matrimonial à une loi autre que celle jusqu'alors applicable? La convention de La Haye le permet dans son article 6, et cet article, qui est le pendant de l'article 3 § 2 de la convention de Rome sur la loi applicable aux obligations contractuelles, est en France l'article le plus souvent appliqué, à la satisfaction générale de la pratique notariale[1]. Il permet

---

[1] V. notamment M. REVILLARD, *Pratique de la Convention de La Haye sur la loi applicable aux régimes matrimoniaux,* Paris, 2002, n.° 64.

notamment aux époux, lorsqu'ils sont d'accord entre eux, de lever toute incertitude sur la loi applicable à leur régime matrimonial dans les hypothèses nombreuses où ils ont plusieurs fois changé de domicile dans les premières années de leur mariage. Faut-il aller plus loin et admettre un changement automatique de la loi applicable objectivement, en cas de changement de résidence habituelle? La convention de La Haye l'admet dans certaines hypothèses, notamment lorsque la nouvelle résidence habituelle a duré plus de dix ans. La loi suisse prévoit même le changement immédiat et avec rétroactivité de la loi applicable en cas de transfert du domicile d'un Etat dans un autre (art. 55). En faveur de la mutabilité automatique, on invoque le réalisme et la proximité, mais le risque est de surprendre les époux eux-mêmes qui, le plus souvent, ignoreront ce changement de loi applicable. C'est la raison pour laquelle plusieurs droits de l'Union européenne condamnent cette mutabilité de plein droit de la loi applicable au ré-gime: Allemagne, Angleterre (rule 150 de Dicey-Morris, 13ème éd., 2000). Il serait préférable d'y renoncer dans un instrument communautaire.

B. *Reconnaissance et exécution des actes et jugements*

Il n'y a guère de difficultés pour la reconnaissance et l'exécution des décisions judiciaires en matière de régime matrimonial. Dans un cadre communautaire, il suffirait de transposer ou même simplement d'étendre les dispositions prévues dans le règlement Bruxelles II pour les décisions en matière de divorce et d'annulation de mariage.

Il faut toutefois s'arrêter sur la délicate question de la reconnaissance des actes authentiques reçus et exécutoires dans un Etat membre. En matière de régimes matrimoniaux, on songe ici en priorité aux contrats de mariage et aux déclarations de choix de la loi applicable, conclus ou effectuées devant un notaire. Les auteurs du futur règlement Bruxelles III devront faire à cet égard un choix entre les régimes prévus respectivement par les règlements Bruxelles I et Bruxelles II. Selon l'article 57 § 1 du règlement Bruxelles I, « les actes authentiques [...] sont [...] déclarés exécutoires » dans un autre Etat membre conformément à la procédure prévue pour l'exécution des décisions judiciaires, alors que, selon l'article 13 § 3 du règlement Bruxelles II (repris par l'article 46 du règlement Bruxelles II bis), ces actes authentiques «sont reconnus et rendus exécutoires» dans les mêmes conditions que les décisions judiciaires. Cela veut donc dire que les actes authentiques relevant du premier règlement et qui ont reçu l'exequatur peuvent néanmoins encore être contestés dans l'Etat de reconnaissance quant à leur validité, comme un contrat, pour la raison qu'ils n'ont pas respecté les prescriptions de la loi considérée comme applicable par le droit international privé de l'Etat de reconnaissance. Au contraire, les actes authentiques relevant du règlement Bruxelles II, reconnus de plein droit en vertu de ce règlement sans contrôle de leur validité, ne pourront être contestés dans l'Etat de reconnaissance que pour l'un des motifs de non-reconnaissance prévus par l'article 15 du règlement (contrariété à l'ordre public de l'Etat de reconnaissance ou à une décision rendue dans cet Etat)[2]. Si la solution du règlement Bruxelles II est retenue en matière de régimes matrimoniaux, cela voudra dire qu'un contrat de mariage passé devant un notaire français[3] et non annulé en France, par exemple, sera reconnu en Allemagne même si la loi applicable au régime selon le droit international privé allemand n'en reconnaît pas la validité. Les liens entre les questions de divorce et de régime matrimonial inclineraient à soumettre à un même régime de reconnaissance les actes authentiques intervenant dans ces deux domaines et ce régime ne pourrait être, en l'état, que celui de Bruxelles II. Mais il faut bien reconnaître que la solution du règlement Bruxelles I aurait l'avantage de permettre le contrôle de la régularité du contrat de mariage.

II Successions

A. *Compétence judiciaire*

Il existe, dans les Etats européens, des règles de compétence judiciaire spéciales aux successions, mais ce ne sont pas partout les mêmes. Et des complications supplémentaires viennent de ce que certains Etats connaissent des règles de compétence différentes pour la juridiction gracieuse et pour la juridiction contentieuse. Cette disparité a pour consé-

---

[2] Cette différence entre les deux règlements a été justement relevée par ANCEL et MUIR WATT, La désunion européenne: le règlement dit «Bruxelles II», RCDIP 2001.403 et s., spéc. 439 et s.

[3] Un acte notarié est un acte public au sens des règlements Bruxelles I et II. On a proposé en France l'expression «acte quasi-public» pour désigner l'acte simplement reçu par un officier public, sans intervention volitive de ce dernier (v. PAMBOUKIS, *L'acte quasi-public en droit international privé*, RCDIP 1993.565).

quence d'ouvrir au plaideur le plus diligent un large choix de tribunaux et indirectement de lois applicables.

Les chefs de compétence le plus souvent retenus sont le dernier domicile du défunt, qui correspond dans la plupart des Etats au lieu d'ouverture de la succession, le domicile du défendeur dans les procédures contentieuses et la situation des biens, surtout des immeubles. Le for du domicile du défunt a pour lui d'être objectif et de coïncider en règle générale avec la localisation des biens du défunt, en tout cas des meubles. Aussi est-il très largement admis. C'est le cas en Allemagne (pour la juridiction contentieuse), au Danemark, en Finlande, en Irlande, en Italie (hors contentieux), aux Pays-Bas, au Portugal et en Suède, ainsi qu'en France, en Belgique et au Luxembourg.

Sa portée n'est cependant pas partout la même. Il est bien connu que la définition du domicile varie d'un droit à l'autre. Il suffit de rappeler que le domicile dans le *common law* n'a rien à voir avec la résidence habituelle dans les Etats du continent. De plus, dans certains pays, comme la France, la Belgique et le Luxembourg, la compétence du tribunal du dernier domicile du défunt ne s'étend pas aux immeubles situés à l'étranger. Dans ces mêmes pays, la loi applicable à la succession est celle du domicile pour les meubles et celle du lieu de situation pour les immeubles. La règle de compétence internationale suit donc le caractère dualiste de la règle de conflit de lois. Pour les immeubles, prévaut le for du lieu de situation, dont l'avantage est de faire régler par un même tribunal les questions de droit successoral et de droits réels qui peuvent concerner un même immeuble.

La compétence internationale de l'Etat de situation des immeubles se rencontre également dans des Etats attachés pourtant à l'unité de la succession. Aux Pays-Bas, une loi entrée en vigueur le 1er janvier 2002 a confirmé une jurisprudence du *Hoge Raad* et attribue compétence aux tribunaux néerlandais, tant en matière gracieuse qu'en matière contentieuse, lorsqu'un défunt domicilié à l'étranger a laissé un immeuble aux Pays-Bas. En Grande-Bretagne et au Pays de Galles, la présence de biens de la succession sur le territoire, qu'il s'agisse d'immeubles ou de meubles, confère aux tribunaux anglais compétence (*power jurisdiction*) pour désigner ou confirmer un *personal representative* de la succession, qui se chargera de sa liquidation. En Belgique, la proposition portant code de droit international privé prévoit, à côté du for de la résidence habituelle du défunt, la compétence des juridictions belges «lorsque la demande porte sur des biens situés en Belgique lors de son introduction» (art. 77) et l'on trouve une règle très proche à l'article 50 de la loi italienne de 1995. En Allemagne, le for du patrimoine prévu à l'article 23 ZPO peut trouver application en matière successorale dans les affaires contentieuses. En matière gracieuse, le tribunal de la succession a compétence pour délivrer un certificat d'héritier concernant exclusivement les biens situés en Allemagne, lorsque la succession ne relève pas de la loi allemande (art. 2369 BGB).

Un autre for assez répandu en matière successorale est celui de la nationalité du défunt, qui vient en concurrence avec les précédents, notamment en Italie, en Autriche et en Suède, ce qui ne surprend pas puisque ces Etats soumettent la succession à la loi nationale du défunt, mais aussi en Finlande et au Danemark, attachés pourtant à la loi du domicile.

A ces règles de compétence propres aux successions, s'ajoutent celles qui dérivent du droit commun, comme un peu partout le for du défendeur en matière contentieuse, le for de la nationalité du demandeur (Art. 14 du code civil français) ou de son domicile (Belgique, Pays-Bas), le for élu par les héritiers ou exceptionnellement dans certains Etats le for de nécessité pour éviter un déni de justice.

Cette multiplicité des chefs de compétence n'est pas satisfaisante et fait obstacle à l'organisation par le futur défunt de sa propre succession. Soit un Italien domicilié aux Pays-Bas qui possède un immeuble en Belgique et dont la fille a acquis la nationalité française. De ce qui a été indiqué plus haut (n.° 13), il résulte que seront compétents selon leurs lois respectives: le tribunal hollandais du domicile, pour la totalité de la succession, le tribunal belge pour l'immeuble, le tribunal italien de la nationalité du défunt pour la totalité de la succession et le tribunal français s'il est saisi par la fille, pour la succession mobilière.

Si plusieurs de ces tribunaux sont successivement saisis, les règles de la litispendance pourraient, dans le meilleur des cas, laisser la compétence au tribunal saisi le premier. Toutefois l'exception de litispendance internationale n'est pas admise partout en cette matière (pas en Belgique ni en Espagne, notamment), de plus, lorsqu'elle est recevable, elle n'est jamais obligatoire pour le tribunal et enfin, le serait-elle, il n'est pas évident que le tribunal premier saisi soit le plus approprié.

Il serait donc souhaitable qu'au niveau européen, la compétence internationale en matière successorale soit harmonisée et centralisée, et que soit retenu un unique chef de compétence qui ne pourrait être que celui du domicile du défunt.

Cependant l'imbrication des questions réelles et successorales spécialement pour les immeubles rend pratiquement irréalisable l'élimination complète du for de l'Etat de la situation de l'immeuble. La transmission de l'immeuble donne lieu à des inscriptions au livre foncier ou à la conservation des hypothèques, selon les Etats. Le juge du livre foncier ou le conservateur des hypothèques ne peuvent procéder à ces inscriptions qu'au vu de certains documents complexes qu'une autorité étrangère (celle de l'Etat du domicile du *de cujus*) n'est souvent pas en mesure de fournir. Il faudrait donc prévoir la compétence des tribunaux de l'Etat de situation de l'immeuble lorsque la loi de cet Etat revendique cette compétence pour la délivrance des documents exigés pour ces inscriptions, notamment le certificat d'héritier, ou pour l'administration et la liquidation de cet immeuble. Ce *forum rei sitæ* devrait toutefois limiter sa compétence aux aspects réels et non successoraux de la transmission de l'immeuble. Ce juge devrait donc, pour déterminer les ayants droit, appliquer la même loi que le juge du dernier domicile du défunt.

Ces solutions avaient déjà été proposées par le Groupe européen de droit international privé (GEDIP) dans sa session de Heidelberg en septembre 1993 et le texte alors adopté[4] pourrait servir de point de départ à un futur instrument communautaire

B. *Conflits de lois*

Avant d'entrer dans quelques détails, il faut justifier ces développements sur les conflits de lois. Pour les régimes matrimoniaux, il est clair que la multiplicité des fors compétents appelle une harmonisation des règles de conflit de lois, pour éviter le *forum shopping*. Si, en matière de successions, on peut arriver à une concentration de la procédure au for du domicile du défunt, le risque de *forum shopping* disparaît et l'unification des règles de conflit est moins nécessaire. Néanmoins, même dans cette hypothèse, cette unification reste souhaitable. Elle aiderait le testateur dans ses prévisions successorales, elle éviterait les dissicultés nées du morcellement de la succession si le régime scissionniste subsistait dans certains droits et faciliterait grandement la reconnaissance internationale des actes établissant la qualité d'héritier et plus généralement des actes et décisions en la matière.

---

[4] V. le texte, RCDIP 1993.841, IPRax 1994.67.

L'unification des règles de conflit de lois a déjà été tentée par la Conférence de La Haye de droit international privé. La convention du 1er août 1989 sur la loi applicable aux successions à cause de mort n'a malheureusement pas eu le succès escompté et n'est actuellement en vigueur qu'aux Pays-Bas, qui l'ont introduite dans leur législation interne. Son échec est dû probablement à des complications inutiles, résultats de compromis adoptés au cours des négociations. Elle comportait pourtant nombre de solutions novatrices, qui pourraient être récupérées et simplifiées par un règlement communautaire.

Le constat qu'on doit faire aujourd'hui en examinant le droit des Etats européens est celui d'une grande diversité.

Une première division oppose deux systèmes, celui de l'unité successorale et celui de la scission. Dans le système unitaire, l'ensemble des biens de la succession, meubles et immeubles, quel que soit le lieu de leur situation, est soumis à une loi unique (Allemagne, Autriche, Danemark, Espagne, Finlande, Grèce, Italie, Pays-Bas, Portugal, Suède). Dans le système scissionniste, une distinction est faite entre les immeubles, soumis à la loi de leur situation et les meubles à une autre loi (Belgique, France, Luxembourg, Irlande et Royaume-Uni). Plusieurs masses successorales différentes sont ainsi constituées, qui sont totalement indépendantes les unes des autres, tant pour la détermination des héritiers et de leur part respective que pour la liquidation de la succession. A l'intérieur de ces deux systèmes, existent des variantes, selon que la loi applicable à l'ensemble de la succession, dans le régime unitaire, ou à la succession mobilière, dans le système scissionniste, est la loi nationale du défunt au jour de son décès (Allemagne, Autriche, Espagne, Grèce, Italie, Portugal et Suède) ou celle de son domicile (Danemark, ainsi que les Etats scissionnistes indiqués).

Les systèmes scissionnistes veulent respecter, pour les immeubles, les liaisons verticales entre le statut réel et le statut successoral et éviter, par exemple, que le droit successoral répartisse les droits sur les immeubles selon des modalités que la *lex rei sitæ* applicable au statut réel ne connaît pas, comme le *trust* ou comme la distinction entre nue-propriété et usufruit. Les systèmes unitaires considèrent au contraire la succession comme un patrimoine autonome qui doit être dévolu selon une loi unique. Ils ne peuvent cependant ignorer totalement la loi de situation de certains biens, surtout des immeubles, lorsque celle-ci veut les soumettre à des régimes successoraux particuliers. C'est la règle que vous connaissez bien de l'article 3 § 3 EGBGB.

Même si le système scissionniste paraît plus réaliste, en ce qu'il respecte les exigences de la *lex rei sitæ* qui en fait aura toujours le dernier mot, les praticiens préfèrent un régime unitaire, qui devrait pouvoir être adopté dans un espace unifié comme celui de l'Union européenne. L'inconvénient principal du régime scissionniste est d'empêcher le futur *de cujus* de planifier à l'avance un règlement équitable de sa succession entre ses enfants. L'exemple souvent donné est celui d'un père de famille français domicilié en France, qui possède deux immeubles d'égale valeur, l'un à Londres et l'autre à Paris, et qui souhaite attribuer le premier à sa fille habitant à Londres et le second à son fils qui réside en France. Ce règlement équitable sera compromis si la fille revendique sa part de réserve sur l'immeuble parisien, en application de la loi successorale française, alors que le fils ne pourra en faire autant sur l'immeuble de Londres, puisque la loi anglaise ne connaît pas la réserve des enfants. Un rattachement unitaire de la succession éviterait cet écueil, qui n'est dû qu'à la division des masses successorales.

Quel devrait être ce rattachement unitaire? La nationalité ou le domicile? La convention de La Haye a essayé de trouver un compromis entre les deux, mais la règle retenue est devenue compliquée et incertaine. Il faut oser faire un choix clair. Ceux qui préfèrent la nationalité invoquent la tradition historique dans de nombreux et importants Etats, et le fait que celle-ci est généralement plus facile à établir et plus stable que le domicile. Les partisans du domicile dénoncent le caractère artificiel du rattachement à la nationalité chaque fois que le défunt était établi dans un autre Etat que celui de sa nationalité ou ses difficultés de mise en œuvre dans les cas aujourd'hui fréquents de double ou de multiple nationalité. Du point de vue de la proximité, ils font valoir que le domicile correspond au centre de vie du défunt, que c'est généralement en ce lieu que se trouvent la plupart de ses biens et que sont établis ses principaux créanciers. Un argument supplémentaire, et sans doute décisif dans la perspective communautaire, est que le rattachement à la loi du domicile correspondrait au système proposé pour la compétence juridictionnelle et simplifierait le règlement de la succession par les autorités de l'Etat du domicile. A cela s'ajoute encore que le rattachement au domicile permettrait de soumettre à un régime identique la succession de toutes les personnes domiciliées sur le territoire des Etats de l'Union, même celles, très nombreuses, qui n'ont pas la nationalité de l'un de ces Etats et d'éviter ainsi tout risque de discrimination.

La seconde grande division est entre les systèmes qui admettent un choix par le futur défunt de la loi applicable à la succession et ceux – bien plus nombreux – qui le refusent. Ces derniers craignent que la faculté donnée au testateur de choisir la loi applicable ne soit utilisée par lui pour éluder les règles qui protègent certains héritiers proches en leur accordant une réserve sur une part de la succession. Et c'est sans doute aussi cette crainte qui explique l'échec de la convention de La Haye qui faisait une large place à l'autonomie de la volonté. Mais les idées semblent avoir beaucoup évolué depuis les années 80 pendant lesquelles fut élaborée cette convention.

Actuellement, dans l'Union européenne, deux Etats connaissent une forme minimale d'autonomie en matière successorale – il s'agit de l'Allemagne et de l'Italie – et deux autres une forme beaucoup plus étendue, la Finlande et les Pays-Bas, auxquels on pourrait ajouter, hors Union européenne, la Suisse. En Allemagne, l'article 25 EGBGB permet au testateur de choisir la loi allemande pour la dévolution de ses immeubles situés en Allemagne. Cette disposition ne concerne que le testateur étranger, puisque la succession d'un Allemand est déjà régie par le droit allemand. Elle a l'avantage évident de simplifier la liquidation de la succession et ses conséquences sur le livre foncier, mais elle a l'inconvénient de morceler la succession. En Italie, l'article 46 de la loi du 31 mai 1995 permet au testateur, dont la succession est normalement régie par la loi nationale, de choisir la loi de sa résidence habituelle, mais cette faculté est limitée car elle ne peut porter atteinte au droit à réserve des héritiers d'un testateur italien s'ils ont leur résidence habituelle en Italie. La convention de La Haye, en vigueur aux Pays-Bas et dont s'est fortement inspiré une loi finlandaise entrée en vigueur en 2002, permet au testateur de choisir la loi d'un Etat dont il a la nationalité ou dans lequel il a sa résidence habituelle, que cette nationalité ou cette résidence habituelle aient été celles existant au jour de la *professio juris* ou au jour du décès. La loi finlandaise ajoute même la loi applicable au régime matrimonial du testateur. Cette faculté de choix de loi s'étend aussi, dans la convention de La Haye, aux pactes successoraux, qui ne sont pas admis dans le droit civil de tous les Etats de l'Union, et notamment pas en France ni dans les Etats ayant subi l'influence du code Napoléon.

L'immense avantage de la *professio juris* est la sécurité juridique. Elle permet au testateur d'organiser à l'avance sa succession comme une unité et d'éviter les incohérences résultant de l'application non coordonnée des lois des Etats où sont situés les biens de la succession, comme dans l'exemple donné précédemment du père de famille ayant un immeuble en France et un autre en Angleterre. Les notaires, en tout cas en France, avaient émis à plusieurs reprises des vœux pour la ratification de la convention de La Haye permettant ce choix de loi. L'objection tirée des droits des héritiers réservataires est sérieuse, mais il pourrait y être remédié par la non opposabilité de la *professio juris* à ces héritiers, dans le cas où le défunt aurait eu, à la date de son décès, sa résidence habituelle dans l'Etat dont il a la nationalité. Au surplus, si la *professio juris* joue seulement de la loi du domicile à la loi nationale, peut-on dire que la loi du domicile a un intérêt légitime à imposer son règlement successoral à la succession d'un étranger et à la défense des enfants de cet étranger, contrairement à leur loi nationale?

C. *Reconnaissance et exécution des actes et décisions*

Les problèmes de reconnaissance les plus aigus sont ceux qui concernent les actes établissant la preuve de la qualité d'héritier et ceux désignant des administrateurs ou liquidateurs de la succession.

1. *Actes prouvant la qualité d'héritier*

Le règlement rapide d'une succession internationale implique la possibilité pour l'héritier de faire facilement et hors contentieux la preuve de sa qualité dans les différents Etats où sont situés les biens dépendant de la succession. A l'heure actuelle, dans l'Union européenne, cette preuve non contentieuse résulte, soit d'un certificat d'héritier dressé par le tribunal des successions (en gros l'Allemagne et les droits influencés par le droit allemand), soit par un acte de notoriété dressé généralement par un notaire (France et pays latins). Leur force probante tombe devant la preuve contraire, et l'un des points sur lesquels il existe des variations d'un droit à l'autre est celui de savoir si le tiers qui s'est fié à un tel acte est protégé par sa bonne foi lorsqu'il apparaît après coup que l'acte était erroné.

La principale faiblesse du système est que le certificat d'héritier ou l'acte de notoriété établi dans un Etat ne peut avoir qu'une valeur internationale très limitée, car il est établi par hypothèse en considération du droit – et notamment du droit international privé – de l'Etat dont relève l'autorité qui l'a délivré. Si un Allemand décède domicilié en France, le certificat d'héritier délivré par le tribunal allemand des successions, sur la base du droit successoral allemand applicable en tant que loi nationale du défunt, ne pourra être reconnu en France, puisque selon le droit international privé français, c'est le droit successoral français, en tant que loi du domicile, qui est applicable. Il pourrait certes être reconnu en tant qu'il dirait que le défunt a laissé à sa survivance sa veuve, Mme X., deux frères, MM. Y et Z, par exemple, mais non en tant qu'il fixerait les droits respectifs de ces personnes dans la succession.

Cette constatation est un argument supplémentaire pour que le futur règlement Bruxelles III ne règle pas seulement le droit international de procédure mais aussi les conflits de lois. Il serait également souhaitable, pour faciliter la circulation internationale de la preuve de la qualité d'héritier, que les Etats européens se mettent d'accord sur un modèle uniforme de certificat et sur l'autorité qui aurait la compétence internationale pour le délivrer. Si l'on veut garder une certaine cohérence avec ce qui précède, on donnera cette compétence aux autorités de l'Etat du dernier domicile (ou dernière résidence habituelle) du défunt, aux tribunaux et à la loi duquel on propose de donner compétence. Et, dans les cas où l'Etat de situation des immeubles exigerait, pour des raisons de livre foncier, que le certificat d'héritier soit dressé sur place, l'autorité locale devrait, comme indiqué plus haut (n.° 14), établir ce certificat en contemplation de la loi du dernier domicile. Des observations analogues doivent être faites pour la reconnaissance des pouvoirs des administrateurs de succession ou des exécuteurs testamentaires.

2. *Pouvoirs des administrateurs et exécuteurs*

Ces problèmes sont très complexes en raison des grandes divergences existant dans les droits des Etats de l'Union. Dans les systèmes dans lesquels l'héritier continue la personne du défunt, (droit français notamment), l'héritier est «saisi» et devient propriétaire des biens du seul fait du décès et c'est donc lui qui est chargé d'administrer et de liquider la succession. Dans les pays de *common law,* au contraire, la succession passe, pour le temps de la liquidation, au *personal representative,* désigné soit par le testateur (*executor*), soit par le tribunal (*administrator*). C'est lui et non l'héritier qui peut prendre possession des biens, les vendre pour payer les créanciers et c'est lorsque ces opérations seront terminées qu'il remettra le solde aux héritiers. Le système autrichien de l'*Einantwortung* est intermédiaire, en ce sens que les droits de l'héritier sur les biens de la succession n'existent qu'à partir de cette décision.

Ces différences dans les droits civils se prolongent en droit international privé par des différences de qualification. Dans les pays de droit civil, comme la France et l'Allemagne, ces questions relèvent normalement de la loi successorale. En Autriche, la qualification retenue est procédurale, en ce sens que l'Autriche soumet la transmission de la succession à la loi autrichienne chaque fois que la procédure de liquidation est menée en Autriche, même si la succession est soumise à une autre loi. En Angleterre, il semble que ce soit plutôt la loi de situation des biens qui soit retenue, en ce sens que le juge anglais nommera un *personal representative* lorsque des biens de la succession se trouveront en Angleterre, mais ces pouvoirs ne s'étendront normalement pas aux biens situés à l'étranger. Ces divergences sont telles que la convention de La Haye du 1er août 1989 a laissé cette question ouverte. Les Pays-Bas, qui ont adopté cette convention, ont dû la compléter par un article prévoyant l'application de la loi néerlandaise à la transmission des biens si le défunt avait eu sa dernière résidence habituelle aux Pays-Bas, même si c'est une autre loi qui régit la succession.

Une convention de La Haye du 2 octobre 1973 sur l'administration internationale des successions avait essayé de résoudre cette difficulté. Cette convention prévoit la délivrance par les autorités de l'Etat de la résidence habituelle du défunt d'un certificat établi selon la loi de cette résidence habituelle et indiquant les pouvoirs de l'administrateur qui devront être reconnus dans les autres Etats. L'idée était bonne, mais prématurée et la convention n'a eu qu'un succès très limité. La faiblesse la plus grave de cette convention est de n'avoir pas prévu de concordance entre la loi successorale et la loi en application de laquelle le certificat a été rédigé et qui indique les pouvoirs de l'administrateur. Comment admettre en effet qu'un administrateur soit investi des pouvoirs d'administration prévus par la loi de la résidence habituelle du défunt si la loi successorale est une autre loi (par ex. la loi nationale) et que cette autre loi connaît des modes d'administration entièrement différents? On voit mal comment l'administrateur investi en application de la loi de la résidence habituelle du défunt pourrait aller contre la saisine attribuée à l'héritier par la loi successorale. Avec cette convention on avait mis la charrue avant les bœufs. Mais si, comme il est suggéré, on unifie les conflits de lois, il sera possible d'utiliser le système de cette convention et de prévoir la délivrance du certificat par les autorités de l'Etat de la dernière résidence habituelle, qui l'établiront en contemplation de la loi successorale. Ce certificat serait le même que le certificat d'héritier mentionné plus haut à propos de la preuve de la qualité d'héritier. Il indiquerait à la fois quels sont, selon la loi successorale, les héritiers et leurs parts respectives, et quelles sont les personnes (héritiers, exécuteurs testamentaires, *personal representative*) ayant qualité pour administrer et liquider la succession et quels sont leurs pouvoirs. Ce certificat devrait être reconnu dans tous les Etats membres, ainsi évidemment que les pouvoirs qu'il constaterait.

Il apparaît ainsi qu'une réglementation communautaire de la compétence judiciaire, de la loi applicable et de la reconnaissance des actes et décisions en matière de régimes matrimoniaux et de successions paraît faisable et souhaitable, avec une urgence plus grande pour les successions que pour les régimes matrimoniaux. Pour ces derniers, on ne pourrait pas éviter une certaine pluralité de chefs de compétence judiciaire, mais on adopterait une règle de conflit uniformisée, sur la base de l'autonomie de la volonté ou, à défaut de choix, de la loi de la première résidence habituelle commune des époux. Pour les successions, on ne retiendrait que le for du dernier domicile du défunt, qui serait aussi le rattachement de principe pour les conflits de lois, combiné avec la possibilité pour le défunt de choisir dans certaines limites la loi applicable. On y ajouterait une preuve uniformisée de la qualité d'héritier, qui serait reconnue dans tous les Etats membres. Ces solutions permettraient de surmonter bien des difficultés actuellement rencontrées par la pratique notariale.

ÍNDICE

PLANO DA OBRA...	5
PROGRAMA	7
SESSÃO DE ABERTURA – Alocução proferida por Luís de Lima Pinheiro.	11
JÜRGEN BASEDOW – "EC Conflict of Laws – A Matter of Coordination"	17
MÁRIO TENREIRO – O Espaço Europeu de Justiça Civil.............	31
TREVOR C.HARTLEY – "Jurisdiction and Judgments: The English Point of View"...	45
ERIK JAYME – "Choice-of-Law Clauses in International Contracts: Some Thoughts on the Reform of Art. 3 of the Rome Convention"........	53
DÁRIO MOURA VICENTE – "A comunitarização do Direito Internacional Privado e o comércio electrónico"................................	63
LUÍS DE LIMA PINHEIRO – "O Direito de Conflitos e as liberdades comunitárias de estabelecimento e de prestação de serviços"........	79
RUI MANUEL MOURA RAMOS – "Direito ao nome, Direito Internacional Privado e Direito Comunitário".................................	111
MARIA HELENA BRITO – "Descrição breve do Regulamento (CE) n.º 2201/2003 do Conselho, de 27 de Novembro de 2003, relativo à competência, ao reconhecimento e à execução de decisões em matéria matrimonial e em matéria de responsabilidade parental"..	127
PAUL LAGARDE – "Eléments pour un droit international privé commnautaire des successions et des régimes matrimoniaux et des successions"....	149